U0037731

# 絕版甲午

從海外史料揭密中日戰爭

雪珥／著

# 目錄

**第三部分**

# 帝國宿命

## 中日戰爭背後的博弈

# 自序

## 1

一艘「勇敢級」（Daring）驅逐艦就停在我的窗下，只要從電腦前一抬眼，就能看見它那灰色的艦身和4.5吋的主炮。澳大利亞的「南十字星」國旗，在艦首旗杆上飄揚。

在雪梨（Sydney）工作的每一天，我無數次地從樓上俯視這艘軍艦以及與它並肩停泊的一艘潛艇。南太平洋湛藍的海水一漾一漾地，拍打著這些作為海事博物館展品的退役艦艇。它們也如同家中的寵物那樣，不時需要開到外海去遛遛，或到船塢去檢修，每逢它們要移動的時候，我都會趕緊下樓，近距離地觀察這些「海狼們」的動作，百看不厭。

很難想像，這個寧靜而時尚的「情人港」（達令港，Darling Habor），曾經是抗日的第一線：入侵的日本潛艇驚擾了整個雪梨，當婦孺們被轉移到藍山（Blue Mountain）後，男人們便扛著槍炮，構築了一道又一道的防線，而第一道防線，就設在這些美麗的海濱。

在澳大利亞這個遠離世界其他地區的孤獨大陸上，二戰時為防禦日本入侵而修建的工事，幾乎是唯一能找到的與戰爭直接有關的遺跡，儘管日本皇軍的鐵蹄一步也沒踏上這塊國土。

每次當我走過那艘滿載時排水量也才3888噸的驅逐艦，總會想起比它年長一個甲子的定遠艦和鎮遠艦。那兩艘威力巨大得令世界側目的中國主力艦，排水量為7000噸，主炮口徑為12英寸，如果與它們並列，眼前這艘澳洲軍艦，將會顯得侏儒一般矮小。但是，曾經威震一方的定遠和鎮遠艦如今又在何處呢？

日本人在這個城市依然頑強地展現著他們的巨大影響力，當然不

日本現代漫畫中的定遠艦

再依靠槍炮，也不依靠人多勢眾。著名的紀伊國屋書店，就在古老的「維多利亞女王大廈」（QVB）左近開設了澳洲分店，不動聲色地向澳洲「輸出日本」。這是全澳洲規模最大的書店，除了大量經營英文書外，其日文書品種之多，與日本本土書店相比亦不遑多讓，而且還提供完善的訂購服務，可以購買日本出版的任何書籍。我就是在那裏買到了不少有關中日歷史的書籍；而其開闊的中文書銷售區，無論是書的品種、品質還是對閱讀潮流的把握，唐人街沒有一家中文書店可以媲美。

在這個寧靜的書店之外，川流不息的人群中有大量來自中國的遊客，他們興奮而高調地談論著，拿著大大小小的購物袋，滿臉洋溢著富裕起來後的自豪。他們當然忙得不會跨進這個日本人的書店，也不會去不遠處的海事博物館看看那些艦艇。而報亭裏正在熱賣的英文報紙，則在使勁地談論著是否應該允許中國人收購澳洲的礦業。在這個年代，日本是很難取代中國而成為新聞焦點的。

## 2

我總是很抗拒別人把我稱為歷史學者，因為在我看來，「學者」這個詞還是很崇高的。在一大群靠歷史吃飯的人群中，並沒有幾個人夠格能稱為學者，而最多稱為職業工作者而已。而歷史於我，好在並不是個飯碗，這是我的遺憾，也是我的幸運。

研究歷史便如同登山，登得越高，越是雲山霧罩，越是發覺自己的渺小。收集和研究海外晚清史料十多年了，隨著自己的文字得到媒體和朋友們的認可，我越發地感覺自己只是個淺薄的過客而已。這種日益強烈的惶恐感，令我終於發現了一個合適的定位：非職業歷史拾荒者。

是的，我無非是個拾荒者，鑽在別人草草開採過或不屑於開採的礦井裏，撿拾遍地的寶物。這個礦井，就是海外豐富的晚清史料。

我的一位美國收藏同道曾抱怨道：與中國歷史有關的考據，經常難以從中文資料中得到更多的信息，因為「中國人只收藏對自己有利的資料」，而很少收藏其他各方尤其是敵對方的資料。的確，客觀上中國一向不注重對「蠻夷」的事態分析，主觀上則養成了「恨屋及烏」的習慣，但凡是敵人，他們的一切便都是不可信、不可靠的，乃至於他們的文獻資料，亦多被視為異端，最多供一個小圈子「內部參考」。我們的歷史研究，便是在一個已經設定好的框架內，根據設定好的程序，根據需要對史料進行剪裁。此種剪裁，無論被冠以何種高尚的籍口，亦等同於電視新聞製作中所謂的「客觀鏡頭、主觀剪輯」，雖然每一個鏡頭都的確來自實況，但不同的剪裁和拼接卻能得出完全不同的結論。

在對待歷史問題上，我們所表露出來的「選擇性健忘症」，絲毫不比日本人遜色。「一史兩制、一事兩制」，我們在史識上和史評上體現出相當強烈的人格分裂和雙重標準。「反面人物」身上的「罪惡」行徑乃至「賣國」行徑，在「正面人物」身上就成了智謀和策略，最多是「多走了幾步彎路」、多交了點「學費」而已。這樣的人格分裂和雙重標準，與日本一方面否認南京大屠殺，另一方面時刻不忘廣島核暴的罹難者，似乎並沒有本質的區別。而同樣的「選擇性健忘症」，日本人更多地是以此欺人，而我們則更多地是以此自欺。僅此而已。

## 3

如果要海選「最不被中國人相信的口號」，「中日不再戰」或「中日世世代代友好下去」之類，應當是榜上有名的。但在對日關係上，我們依然會奇怪地堅信：「以德抱怨」的單戀，可以彌合歷史的傷痕，緩解現實利益的衝突。大到國共兩黨，爭相放棄對日索賠，比著表現大國風度和天朝慷慨，小到一部講述南京大屠殺的電影，非要自作多情地從「人性」角度去描繪日本士兵的內心掙扎，而甚至忘了展示更有典型意義的殺人競賽。

來自中國的戰爭賠款，曾經是日本賴以崛起的資本；而同樣來自中國的放棄索賠，也對戰後日本的復興起到了重大的作用。等到我們的發展需要資本的時候，那些本該是戰爭賠款的日圓卻轉彎抹角地以援助貸款的方式登陸，如此先虧裏子、後丟面子的窩心事，難道不比要求日本下跪道歉更值得我們反思嗎？

中國文化，本不應如此阿Q。孔子當年就對「以德抱怨」嗤之以鼻，質問道：如果「以德抱怨」，那「何以報德」呢？大漢王朝時，出於「安全關切」，多次出兵「侵略」匈奴，著名將領陳湯從敵前給

漢元帝發去一份奏摺，表示了「宜將剩勇追窮寇」的決心，「以示萬里，明犯強漢者，雖遠必誅！」這種「雖遠必誅」的陽剛精神，後來便逐漸消亡，對待外敵基本就是和親、懷柔，用子女金帛「贖買」回大國崛起的感覺，且美其名曰「以德抱怨」，聊以自慰。

寬容與和解或許是一種美德，但它有個基本前提：真相與懺悔！

## 4

中國人涉及日本的歷史記憶，的確充滿了太多的悲情，但遺憾的是，日本人被打回老家都已一個甲子，我們卻還只沉溺於悲情之中，停留在哭訴的「傷痕文學」階段，難以自拔、難以深入。一個遭受了過度苦難的民族，如果把精力只是放在控訴上，而不是放在自省和自強上；如果把紀念只是寄託在罹難者身上，而不是寄託在抗爭者身上，它在心理上還是一個弱者。

悲痛如果不化作力量，眼淚就是最無用的化妝品。我們今天或許該問問自己：我們是應該讓日本正視歷史，但如果它就是不正視呢？我們是應該讓日本道歉下跪，但如果它就是不道歉不下跪呢？我們是應該反對日本政要參拜靖國神社，但如果他們就是拒絕接受呢？我們除了叫叫嚷嚷，還能幹些別的嗎？

悲情之外，我們大多數人還相信另一個神話：正義必勝。我們恰恰忘了：被凌辱與被屠戮，這不是正義；反抗凌辱與屠戮，這才是正義；勝利絕不來自正義，而只來自於實力。外侮只能說明我們無能和軟弱，並不能因此而賦予我們「正義」，更不能因此而賜給我們「勝利」。

在國際政治中，真正的普世原則就是「叢林原則」。已經上演和正在上演的所有爭鬥，無論其是民族之間的衝突還是民族內部的衝突，最後一定會歸結到「利益」，區別無非在於為誰的利益和為什麼樣的利益。而且，所謂的「正義」，彈性很大。甲午戰爭時期，日軍儼然以文明的傳播者和中華的解放者自居，對「征服支那」充滿了「正義感」。

中日歷史的研究，如果真要起到資治通鑒的作用，則必須擯棄毫無意義的道義之辯，而還原和探究其最殘酷的本質：中日之間的利益爭奪和調整。溫情脈脈的道德說教，往往容易蒙蔽自己，培養出一大幫宋襄公。

## 5

我們對日史觀中，最可笑的自作多情，在於非要將日本的獸性歸咎到某種「主義」（軍國主義或法西斯主義），似乎成千上萬的日本「人民」只是誤上賊船、被蒙蔽而已。這在「術」的層面上，作為一種公關、統戰工具，未嘗不可。但若真以為是，則不僅是幼稚的，甚至是危險的。

「主義」固然在塑造著人，但「主義」本身也是人所創造，更是由人在實踐的。同一「主義」，在不同的人群手中，會實踐出不同的、甚至完全相反的現實體現來。日本侵華，與其說是軍國主義毒害了國民，不如說是其國民性格和利益訴求製造了軍國主義。

包括日本在內的大量海外史料，說明「日本人民」從來就不是什麼侵略戰爭的受害者，而是受益者。推動著日本「軍國主義」的，就是強大的民意力量，其中包括那些屬於「被壓迫階級」的工農。如果非要說「廣大日本人民」「也」是受害者，則他們並不受害於侵略或

「軍國主義」，而只是受害於「不幸戰敗」而已。

把「主義」當作分析和解決問題的癥結，最後就只能在「主義」的高低和好壞上進行無謂的爭論。

## 6

從日本和中國結下樑子的那一刻起，我們就從來不缺口水抗日的高調之徒，情緒化、非理性，充滿激情地追求劇場效果。這種速食「愛國主義」，與需要靜下心、沉住氣、臥薪嘗膽般地「師夷長技以制夷」相比，成本低、代價小，見效快，但結果是一方面逢日必反，另一方面是對日本的無知，甚至毫無「知」的願望。

歷史已經證明，「小日本、大中國」的輕佻心態正是造成「大中國」總是勝不了「小日本」的關鍵。甲午戰爭之前，日本的一些熱血青年，來到中國從事諜報工作，幾乎走遍大江南北，進行艱苦卓絕的實地調查，根據他們的情報編纂而成的《清國通商綜覽》，出版後居然有2300多頁之巨，比當時絕大多數中國人都更深地吃透了中國國情，至今仍是重要的研究文獻。他們當然是中華的敵人，但這樣的敵人，在值得我們痛恨之外，難道不值得我們尊敬和學習嗎？我在海外傾己所有，收藏與晚清歷史有關的海外文物，也是力圖對這種實證主義、行動主義的一種實踐嘗試，「抗日」是需要行動的。

## 7

歷史研究，或者僅僅是嘗試對歷史現場進行還原，需要的是三要素：史料、史料，還是史料。史料就是對歷史事件和歷史人物的「新聞採訪」，不同的當事人，不同的角度，這些是接近真相（但永遠不可能抵達）的基本條件。

我總覺得，歷史研究，必須要具備新聞記者和律師的兩種秉性：要像新聞記者那般敏銳，也要像律師那般挑剔和嚴謹。這是我所從事過的兩種職業，我覺得或許正是這兩種職業的訓練，才能使我從堆積如山的史料中淘出寶貝，也能使我從不迷信任何既定結論或任何權威。在「拾荒者」的定位之外，我總覺得自己還應是個藉著史料、穿越時空回到歷史現場採訪的記者，多看、多記、多思考，這樣的「歷史新聞」才可能是有價值的。

人生苦短，而歷史卻悠長得接近無限大。在歷史面前，我們永遠是盲人摸象，這是我們無法超越的局限。關鍵是要有自知之明，要明白自己永遠不可能摸到整隻象，更不應假裝自己有能力看到所謂的全局。這樣，當我在自以為歷史或許是條毒蛇的時候，就不會對他人認為歷史是面戰鼓而感覺震驚。

因為，我只是摸到了大象的小尾巴，他卻有幸摸到了那偉大的象屁股。這時候，我只能說：不求最大，只求最佳！

（雪珥，2009年5月於南洲雪梨北石齋）

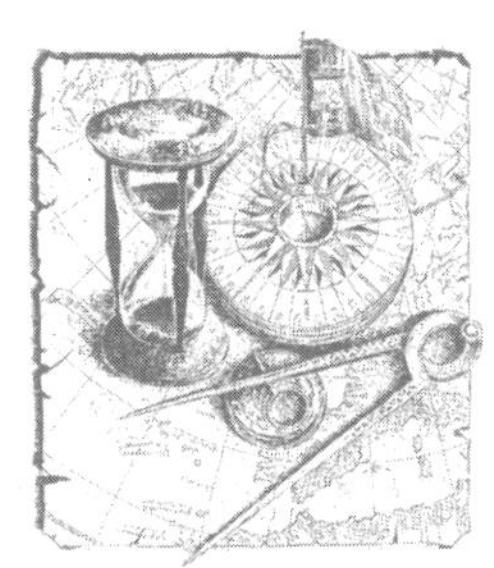

# 自序

母親，

酷炎的夏日要曬死我了；

賜我個號令，

我還能背城一戰。

母親！

我要回來，母親！（《七子之歌・台灣》聞一多）

然而，「母親」「賜」下的號令卻是「放棄」，做出的行為卻是「拋棄」……

大清帝國光緒二十年，日本帝國明治二十七年，歲值甲午，西元一八九四年。悲情都是從這個時候開始的。

在這之前，儘管在列強面前屢戰屢敗，中華帝國在周邊眾小弟們的拱衛下，老大的感覺依然。而這一年，「蕞爾小國」日本卻將老大帝國徹底打翻在地，並且踏上一隻腳，其作戰之慘烈、戰線之漫長、割地之遼闊、賠款之巨大，都創下了人類戰爭史的新紀錄，也是中國數千年所未遇的大敗局。

中華民族到了最危險的時候，每個人卻未必會發出最後的吼聲：

因為，還可以斷腕自救。這條被切下來飼狼的胳臂，就是台灣。

在中日爭鬥剛開始的時候，台灣就已經被選定作為犧牲。大清政府鄭重地向英國建議，將台灣送給英國。英國也鄭重地考慮了這一提議，最後卻還是拒絕了。因為在東亞地區獲得一個如同日本那樣的充滿銳氣的同盟者，共同對抗俄國，將比得到台灣這份免費便當、卻因此與日本結仇，更為有利於英國的根本利益。

國家的實力大小，很多時候並不表現在一城一地的得失，而表現在是否具有選擇的主動權。彼時的中日，其實已別無選擇：只有勝利者才能活著走出這個血腥而宿命的角鬥場。為了對華一戰，日本舉國做好了不成功、便成仁的準備，一旦一擊不中，遭到大清國的全力反噬，日本就將接受「亡國」之命運。

與日本以不惜亡國而一拼相比，大清國似乎是幸運的，戰敗後也只需切割台灣之類的「盲腸」便能保住大局。甲午戰爭後，痛定思痛的大清國，不僅沒有掀起反日與抗日的浪潮，反而興起了一股歷時數十年的「哈日」風潮，中日也因此進入長達十年的蜜月期。

台灣卻被主流的記憶刻意地忘卻了，如同被切割之後的盲腸一般。悲情從此融入台灣的血脈，亞細亞的孤兒在太平洋的波濤上孤獨地飄零。

十多年來，浸淫在甲午戰爭的史料中，尤其是英文和日文史料中，我所體認的中日關係本質，就是「天敵」二字。這是一種源自於根本利益的衝突，不是什麼「主義」、什麼「真理」、什麼「正義」能夠解釋抑或搪塞的。

我選擇了台灣，發表我的有關甲午戰爭的第一部專著《大東亞的沉沒》。台灣《傳記文學》連載了半年，島內讀者的迴響，完全出乎我的預料。在這本書中，我選取了被引爆甲午戰爭的高升號（Kowshing）事件，從中日英三國文獻的對比中，勾勒這個被華人

史學界長期忽視、卻被西方公認為改變了國際政治規則和國際司法準則的重大事件。我曾誤以為，現時的台灣已經不再關心歷史，而只關心藍綠政爭，然而卻驚詫地收到了不少讀者的回饋，包括指正和商榷若干史實及觀點。

這本書隨即引起北京的關注，中華書局出版簡體字版本，大陸讀者的回饋亦令我欣喜：在一個拜金主義成為主旋律的社會中，依然有許多人在追求著遠比金錢更為永恆的東西。那時起，我堅信，無論兩岸如何潮起潮伏，血脈中總有相通之處。

隨後，我以半年多的時間，在大陸的報刊上連續撰寫了十多篇以中日關係史為主題的長篇文章，這些完全不同於主流教條及民間發洩的文字，一度引起了坊間、尤其是網路的熱議。大陸幾家著名出版社亦想結集出版，卻最終都被主管文宣的最高當局「槍斃」。理由就是「太敏感」，不僅涉及到中日關係，還涉及到台灣。

出版社紛紛希望我降低分貝，削減尺度，我一度苦苦堅守，包括堅持要將書名定為《天敵：被詛咒的中日歷史宿命》。我畢竟曾為官場中人，還有著千絲萬縷的聯繫，上峰托人捎話給我：書稿不錯，我們亦愛看，但過於敏感，請諒解。經高人指點，我最終決定：在堅持觀點的前提下，可以摻入更多不那麼敏感的內容，此亦大陸文宣業內「看見紅燈繞著走」的「注水稀釋」法，以圖獲得表達的機會——能表達總比沉默更有意義。

於是，便將日本間諜的故事整理入冊。未曾想，在我看來極為平常的間諜故事，卻在各路媒體引發熱烈追逐。曾有讀者給我留言，說看完了日本間諜的故事，他流淚了，一是被感動，被日本人的精忠報國所感動，二是被觸動，「為什麼這樣的英雄只是『他們的』英雄，而不是『我們的』」?! 此時我才恍然大悟：對於被單方史料長期遮罩的華文讀者而言，來自敵方和第三方的史料，不僅給他們展現了一段更為真實生動的歷史，而且令他們得以深刻反省自己所曾經接受的所謂「歷史教育」。

「注水稀釋」之後，《天敵》被更名為《絕版甲午》，得以在大陸出版了，並且榮幸地成為歷史類的暢銷書之一。令我寬懷的是，「注水稀釋」之後，拙作沒有絲毫淡化或更改觀點，而增加了許多具體的史實，助讀者能從故事中反思歷史。比如，拙作中的「日本諜報認為中國全民腐敗」等內容，更是不斷被各種主流媒體所引用，略盡了份「資治通鑒」的綿力。

感謝台灣大地出版社及吳錫清社長的支持，本書繁體字版得以在台灣出版，亦算了卻了我的一個宿願。

（雪珥，2010年6月於南洲雪梨北石齋）

向天敵致敬

（自序之二）

戰爭從來就不只是槍炮的征戰，也是筆桿子的對抗。甲午戰爭不僅是一場「武鬥」，也是一場「文攻」。我所收藏的大量戰時日本浮世繪，就是日本在開展「文力征戰」、推行國家形象公關的「成果」。每每翻看這些宣傳畫，我的心都會因為其中被極度「矮化」和「妖魔化」的中國形象而深深刺痛，更為其中所展露出的「日本邏輯」而深深震撼！經歷了太多的苦難之後，現代中國人已經很難再靜下心來，傾聽日本人的聲音——儘管這實在是非常必需的。現代中國人更難以想像，日本人的這些「文力征戰」，尤其是其中極富技巧地將「大清」與「中華」分隔處理，當年甚至得到了不少中國人的熱烈共鳴，乃至在軍事行動上的積極配合。甲午戰爭無疑是我們民族的恥辱，但如何才能「知恥」，如何更能「後勇」，至今依然是我們的沉重課題。因此，我們依然需要時時悲歌：「中華民族到了最危險的時候，每個人被迫著發出最後的吼聲！」

豐島海戰

黃海大海戰

成歡戰役，圖的右下方描繪的是日本戰地記者正在採訪和寫生。

日軍慶賀佔領平壤

奉天戰役

日軍的偽善宣傳：「從戰火中拯救中國孩子」。

北洋艦隊向日本投降

馬關談判

# 日本在華間諜網大事記

- 1886年，日軍參謀本部諜報官荒尾精奉派來華，在漢口設立以貿易為掩護的間諜機構樂善堂。
- 1886年，樂善堂設立長沙支部。又設立北京支部、天津支部，由宗方小太郎負責。
- 1887年，宗方小太郎赴東北，偵察金州、旅順的北洋艦隊基地。
- 1888年春，樂善堂舉行年會，與會間諜20多人。
- 1888年，設立四川支部，石川伍一、松田滿雄深入雲貴滇藏偵察，繪製精密地圖。石川赴天津任日本武官助手，到蒙古、西安、洛陽等地刺探軍情，測量黃海軍港及航道水文。
- 1888、1889年，漢口樂善堂藤島兩次赴西北活動，配合浦敬一，圖謀勸說新疆巡撫劉錦棠聯日抗俄。
- 1889年4月，荒尾精將樂善堂情報資料整理成數萬字的《覆命書》，提交日本陸軍參謀本部。
- 1889年9月，浦敬一從蘭州出發，獨自入疆失蹤。
- 1890年9月，荒尾精在上海設立日清貿易研究所，培訓商戰、諜戰兩棲間諜。宗方小太郎任學生監督。
- 1890年底到1891年2月，日清貿易研究所發生學潮。
- 1892年，漢口樂善堂編輯出版《清國通商綜覽》，共2編3冊2300多頁，成為研究中國的重要文獻。
- 1893年6月日清貿易研究所第一屆學生畢業，參謀次長川上操六親自趕到上海參加首屆畢業典禮。
- 1893年6月，日清貿易研究所由於財政困難被迫關閉。
- 1894年6月到7月，宗方小太郎接受日本駐華武官井上敏夫的指令，潛入威海偵察北洋艦隊基地。中日兩國斷交宣戰後，在威海探得北洋艦隊的出發時間。
- 1894年6月，鐘崎三郎從蕪湖赴膠州灣偵察威海衛軍港，選擇日軍最佳登陸地點。
- 1894年7月28日，日本諜報人員在天津緊急開會，制定了中日斷交、日僑撤離中國後的潛伏方案。
- 1894年7月底，鐘崎三郎在山海關一帶進行偵察，填補了日本大本營的情報空白。
- 1894年8月1日，日軍參謀本部特別召見向野堅一、藤崎秀、山崎羔山郎、鐘崎三郎、大熊鵬、豬田正吉等六人。令其組成「特別任務班」，隨日軍前往中國前戰，執行在旅順、大連一帶的滲透偵察任務。
- 1894年8月4日，石川伍一在天津被俘，9月20日被處決。
- 1894年8月14日，潛伏上海的楠內友次郎、福原林平准備赴東北時被捕，9月24日，在南京被處決。
- 1894年8月下旬，藤島武彥、高見武夫被捕，10月27日在杭州被處決。
- 1894年9月7日，宗方乘英國輪船安塞斯號逃回日本，在廣島大本營受到明治天皇接見。在大本營修改完成兩份戰略諜報《中國大勢之傾向》、《對華邇言》。
- 1894年10月24日，向野堅一等六人隨日軍在花園口登陸。向野堅一偵獲金州清軍重要布防情報。31日藤崎秀、山崎羔山郎、鐘崎三郎在金州城被俘並被處決，大熊鵬、豬田正吉失蹤。向野堅一逃脫。
- 1895年宗方小太郎潛回上海，1896年初成功收購《字林漢報》。
- 1896年荒尾精前往台灣，染鼠疫而亡。

日本間諜潛伏活動示意圖
甲午戰爭前後十年（1886—1896）
遼陽
營口
山海關
復州
北京
花園口
旅順
金州
天津
威海衛
膠州
蘭州
西安
鎮江
南京
上海
襄陽
漢口
杭州
成都
重慶
長沙
廣州
圖例：
樂善堂總部
樂善堂支部
間諜活動重要城市
間諜活動主要範圍
間諜活動路線

1895年10月4日上午11：30，日本廣島，戰時大本營，御殿前庭。

一名腦後垂著長辮、身穿中國平民服裝的人，被御前侍衛角田海軍大佐引領著，拜謁明治天皇。角田大佐朗聲稟報了拜謁者的姓名、略歷。明治天皇龍顏大悅，溫語褒獎有加。

這位拜謁者，名叫宗方小太郎，日本最著名的間諜之一，其撰寫的大量中國問題研究報告，成為決策層的重要參考依據。

天皇親自接見並褒獎一名間諜，這即使在十分注重諜報工作的日本中亦是罕見的殊榮。此前，只有兩名間諜山崎羔三郎和藤崎秀享受過這一殊榮，但此刻，他們早已長眠在大洋對岸的中國，身首異處。

甲午戰爭，一場改變了東亞乃至世界命運的大戰，在炮火連天的背後，還有著一條看不見的戰線。忍者般潛伏已久的日本間諜，在大清國的內部發動了致命的打擊，其影響甚至遠超出軍事層面……

# 第1部分 諜戰甲午

## 日本間諜潛伏記

# 1 誰動了李鴻章的乳酪？

1894年9月8日，正當中日兩國在朝鮮慘烈激戰時，一顆「炸彈」卻在紫禁城引發軒然大波：江南道監察御史張仲炘彈劾正當敵前的直隸總督、北洋大臣李鴻章，罪名是駭人聽聞的腐敗、通敵。

在這篇《奏陳北洋情事請旨密查並請特派大臣督辦天津團練摺》中，向以敢言著稱的張仲炘，指控李鴻章及其子李經方向日本人出售大米和煤炭，李經方甚至與日本王室攀親，並在日本還開了一家洋行。張仲炘承認這些都是風聞，「始聞之而詫，繼而不能無疑，如果屬真，則自無怪乎縱容奸細、售買米煤之種種乖謬矣。」

1894年正當甲午戰爭前敵的直隸總督、北洋大臣李鴻章。

張仲炘說天津日本間諜被破獲後，還查出地雷炸藥八箱，但李鴻章卻在審理後，不僅隱匿不報，而且私放間諜，並給銀資行。

此名上達天聽的日本間諜就是石川伍一（又名義倉告，1866-1894），日本國秋田縣人氏，時年二十八歲。在甲午戰爭中被捕的眾多日本間諜中，石川伍一的影響力非常

英國畫師所繪日本軍艦擊沉高升號圖

大，除了被中國官場作為政爭武器外，他還牽涉到著名的高升號事件和重慶號事件，與中日英和中日美兩個三角關係都有瓜葛。

石川伍一是甲午戰爭史中最為著名的日本間諜之一，原因就是他被不少史學家認為是引爆戰爭的高升號事件的罪魁。

英國商船高升號被中國租用運兵，當時中日並未宣戰，該船由英國船員駕駛，且飄揚著英國國旗，卻在朝鮮海面被日本軍艦打沉，千名中國士兵和歐洲船員罹難，震驚世界。據受雇於日本信義洋行的德國人透露：「有一倭人久住塘沽，此倭人才具甚大，華英德法言語俱能精通，看其與他人言論間……並隨時用鉛筆注載……愛仁、飛鯨，高升船載若干兵、若干餉、何人護送、赴何口岸，該倭人無不了徹於胸」。

這位「才具甚大」的倭人就是石川伍一。

其實，也有研究質疑石川在高升號事件中的作用。有學者認為其實是天津電報局的電報生洩露了高升號的開航時間等情報，但這一說

浮士繪：明治天皇閱兵圖。諜報工作在日本的崛起中發揮了關鍵的作用

法缺乏直接證據，而且電報生其實並不掌握密碼，而電訊本身日軍完全可以監聽截獲，不需要收買內奸獲得。

另有研究者認為，日本早已下定決定在海上攻擊中國船隻了，實際上在隨機選擇攻擊目標，無須等待運輸船的具體情報，遭遇戰是必然的，但何艦遭遇何船，卻是偶然的。時任日本外交大臣的陸奧宗光在發給駐中國兼朝鮮公使大鳥圭介的電令中，表示：「今有施行斷然處置之必要。故閣下務須注意，可擇一不受世上非難之某種口實，以之開始實際運動。」並在口訊中明確表示：「促成中日衝突，實為當前急務，為實行此事，可以採取任何手段。」根據相關史料分析，當時攔截高升號的東鄉平八郎，並不知道這是運兵船，至少其並沒有一個根據諜報伏擊高升號的計畫，否則，高升號之前的愛仁與飛鯨兩艘同樣運兵的商船亦不會平安到達了。

石川伍一是秋田縣人，幼讀私塾，入標榜「興亞主義」的興亞學校專攻中文。1884年十八歲時來華，在海軍大尉曾根俊虎帶領精研漢語，隨後加入設在漢口的日本間諜機構樂善堂。

他曾受命與另一間諜松田滿雄到中國西南地區調查。松田滿雄是熊本縣人，他後來在戰爭中充當翻譯，戰後還參與了盛宣懷大冶鐵礦的合作事宜。他們兩人的任務，一是調查全川情況，二是了解川南的苗族，三是調查西藏的牧場。他們以成都為中心，足跡遍及全蜀，直達西藏邊界，其間歷經艱險，遭到當地土著的包圍和攻擊，並被官府懷疑是奸細而甚至曾被捕下獄，多虧石川能說流利的漢語而得以逃脫。

他當時設想到西藏經營牧場，為樂善堂籌集經費，甚至希望能仿效三國故事，割據四川，另立一國。石川等人撰寫的西南報告，龐然巨冊，並附以十分精密的地圖，被日本軍事當局當作極為珍貴的資料保存。

此後，石川到天津擔任日本武官關文炳助手，到蒙古、西安、洛陽等地刺探軍情。在關文炳死後，他又配合其繼任者井上敏夫，測量黃海的重要軍港及航道的水文，為日後日軍入侵提供了重要情報。

在天津期間，他以紫竹林松昌洋行職員的身分為掩護，成功收買了天津軍械局的書辦劉棻（又稱劉樹棻、劉五等），獲得大量第一手軍事情報。

石川的暴露，則牽涉到另一外交糾紛重慶號事件。重慶號是一艘英國客輪，往返於天津和上海之間，高升號慘案發生不久，天津當地民眾冒充清軍搜查並痛毆了搭乘重慶號撤離的日本領事館人員及其家屬，意外地搜獲日本間諜瀧川具和發給天津領事館武官的密信，獲悉了潛伏日諜石川的動態。日本外交人員及僑民均在開戰後撤離天津，只石川伍一及鐘崎三郎兩人受命潛伏，但因美國領事堅決反對其留在租界內，石川遂搬到劉棻家，而鐘崎則轉往關外，並在那裏被捕。

石川在搬進劉棻家的次日清晨（1894年8月4日），就被天津城守營拿獲，當日，天津海關道盛宣懷即向李鴻章彙報此事。在初審中，石川口風很緊，堅不承認自己的間諜身分。

而受託為中日兩國分別護僑的美國，則開始積極干預此案，婉轉希望「如遇有日本人改裝在內地作奸細者，即將其解交就近海口逐其回國，使之不得與內地華民交接，於中國防洩軍機似亦為無礙，且此辦法，已足為懲其作奸細之罪。」美國的逾情之請，被中國政府拒絕，總理衙門表示將根據國際公法，處死戰時間諜。

石川被捕後第十天（8月13日），上海法租界又破獲楠內有次郎、福原林平間諜案，兩人隨即被租界當局送交美國駐上海總領事館庇護。兩天後（8月15日），藤島武彥、高見武夫在浙江被捕。此三案因美國插手而相互關聯，其中最早且危害最大的石川一案，成為關鍵焦點，關聯到另兩案的處理思路。

美國插手的三個案件，石川的情節並不複雜，卻牽扯更深。除了中美關係外，還捲入了朝廷內部的政治鬥爭。反對李鴻章的一派，拼命想利用此事，連章彈片，指責或影射李鴻章等。而李鴻章也確有難言之隱，因洩密的軍械局，其總辦正是李鴻章外甥張士珩。

張士珩的母親是李鴻章的長妹，這張士珩其實還算是一位能吏。在他任內，每得一件新式軍械，必考辨其形質、度數，窮幽洞微。他一生都在從事軍火生產，自己也成了一名軍火專家。但因為是李鴻章的外甥，成為李鴻章政敵們的主要突破口之一，仕途上頗有點蹉跎。

在沉默了十二天後，李鴻章於8月15日向總理衙門正式報告石川一案，但稱仍在審訊中。

至此，石川一案已經與前線軍情、中美外交及中國內政瓜蔓相連，日本人也知道其已無生望。在華間諜首腦宗方小太郎感歎道：「潛伏於天津之石川伍一終於被官府捕獲。終死於豚奴之毒刃，亦不失為一世之快男兒也。足以愧死肉食苟安之惰夫矣。予望其從容就死，示奴輩以神州男兒之真面目。」

清末天津法租界碼頭，左上建築為天津海關。

石川伍一案件迅速引起光緒皇帝的親自關注。8月28日，軍機處轉達諭旨，要求李鴻章徹查此案。次日，美國外交機構直接插手，其駐天津領事根據駐華公使田貝指令，發函李鴻章，要求將石川釋放回日本，理由是「日本聲稱此人並非間諜」。

李鴻章命津海關道盛宣懷與美方交涉。盛宣懷在發給美國領事的回函中，對美國的要求進行了有理有據有節的嚴詞駁斥：

「本道查《中日修好條規》載明，兩國商民，均不准改換衣冠。是兩國和好，尚然有此禁例。現在兩國失和，忽然改裝易服，潛匿民家，四出窺探，其意何居？ 況日本領事出口之後，日本人之在中國口岸者，已由貴國兼理。該犯石川盡可安寓租界洋行，何以假冒華人，私至城內居住？……至該犯被獲之時，形跡可疑之處，不一而足，其為間諜無疑。……石川一犯自應由中國官密訪確情，徹底根究，未便遽行開釋。」

9月1日，光緒皇帝再度就石川一案向李鴻章發出密諭，要求他「嚴行審訊，如究出探聽軍情等確據，即行正法……不得稍涉寬縱。」

朝廷堅定了徹查此案的決心，天津的辦案取得了明顯進展。9月17日，李鴻章向總理衙門提交了結案報告：「前獲倭人石川伍一，飭縣屢訊，供詞狡展。須將間隙確證予以死罪，始無礙在倭華民。八月初四日（9月3日），飭津海關道盛宣懷嚴密根究，傳到崔姓等，曾在倭武員處服役。人證確鑿，即提石川伍一，與已革書吏劉棻質訊，無可狡辯，始均供認：前駐津之倭海軍武員井上敏夫等曾囑石川伍一轉託劉棻，私抄中國海軍炮兵數清單，給過謝禮。宣戰後，倭員回國，留探軍情，改裝華服，以七月初四日（8月4日）潛行至劉棻家藏匿，當日即被軍械局會同官弁獲住等語。嚴訊王大，並無知情同謀。初九日（9月8日），奉電旨，復審石川伍一等，供均如前。……石川伍一擬按公法，用槍斃擊斃；劉棻即行正法。」

9月20日，石川伍一及劉棻在天津被處決，轟動全國，報章均有報導。《字林滬報》報導稱觀者如潮，行刑後「但聞一片聲叫好不絕」。當日，李鴻章將該案所有案卷包括兩人的供詞等呈交總理衙門。10月8日及27日，美國干預的另兩起日本間諜案的主犯，也分別在南京和杭州被處決。

在甲午戰爭期間被捕的所有日本間諜中，最先被處決的石川伍一是唯一執行槍決的，其餘均被斬首，或許這與李鴻章希望給美國留點面子有關。美國朝野對中國「酷刑逼供」和「殘忍處決」日本間諜廣泛表示不滿。但當時外界謠傳石川伍一被處最殘酷的凌遲，宗方日記中記載道：「被拘禁於天津之同志石川伍一於九月二十日在天津城西門外被處磔刑，軍械局之劉某亦同時被斬首云。不堪痛恨惋惜之至！」

與石川相關的高升號事件，折騰十年後以中國賠償船費而告終；另一重慶號事件，由大沽炮臺以二十一響禮炮的最隆重軍禮向重慶號

道歉而結束；美國國會則因政府在間諜案處理過程中對中國的「過分軟弱」，而險些啟動彈劾案。

至於御史因此案借題發揮，指控李鴻章腐敗通敵一事，在彈章上奏的次日，軍機處便拿出了處理意見，除了需對張士珩涉嫌採辦軍械時以劣充好查證外，其餘各項指控，「皆係影響之詞，曖昧之事，礙難查辦。」張士珩最後以玩忽防務而被革職。李鴻章後來激烈指責「言官制度最足壞事」，「當此等艱難盤錯之際，動輒得咎，當事者本不敢輕言建樹，但責任所在，勢不能安坐待斃。苦心孤詣，始尋得一條線路，稍有幾分希望，千盤百折，甫將集事，言者乃認為得間，則群起而訌之。朝廷以言路所在，有不能不示加容納。往往半途中梗，勢必至於一事不辦而後已。大臣皆安位取容，苟求無事，國家前途，寧復有進步之可冀？」

石川伍一若知曉他的案件居然引發如此劇烈迴響，不知會做何感想？

# 2 「釣魚」密碼

日本外務省的「周到服務」，顯然令中國駐日公使汪鳳藻有點意外：他拿到手的那份長長的文件，居然已經一反常態地翻譯成了中文。

這是1894年6月22日，為了從朝鮮共同撤軍的事宜，雙方已經來回折衝了近20天。日本政府不僅不撤退軍隊，反而決定增兵。汪鳳藻手上拿的，就是這一「絕不撤軍」的照會，甲午戰爭史上著名的「第一次絕交書」。

被談判搞得焦頭爛額的汪鳳藻，顯然無暇多考慮這一反常的「周到服務」，朝鮮那邊，日本軍隊無論在人數還是裝備上都佔盡優勢，北京的總理衙門和天津的北洋大臣李鴻章，都在焦急地等待著日本方面的消息呢。

汪鳳藻將「絕交書」交給了譯電員，用密碼電報趕緊拍發。這次可以比以往效率高多了，畢竟省下了一道從日文翻譯成中文的程序。當時還沒有無線電報，密電都是各自譯成密碼後交電報局拍發，各國皆然。當中國使館的工作人員將密碼電報送交電報局時，日本照例抄錄了一份副本。但這一次，日本人再也不用為破譯密碼傷腦筋了，他們拿出了自己寫的中文版的「絕交書」，略加比對，中國使館的密電便顯出了原型。

日本政府只不過主動花了點日語翻譯成中文的功夫，中國使館就主動將密電碼全盤交出。主持「絕交書」中文翻譯和密電破譯的，正是日本外務省的中田敬義，因此功勞，他後來官居外務省政務局長。

清政府密碼洩露，日本艦隊總是能在合適的時間和地點集結優勢兵力，造成清軍巨大的被動。圖為清軍在開赴朝鮮的輪船上。

日本人獲得了密碼，汪鳳藻自6月6日至8月4日的全部54件往返密電均被破譯。日本人不動聲色，從此不僅掌握了中國使館與國內的全部通訊，而且，還從中截獲了大量軍事情報。由於清廷毫無覺察，整個戰爭中一直未改密碼，以至在馬關談判期間清廷與李鴻章的往來密電件也被全部破譯。

甲午戰爭中，中日兩國海軍實力相差無幾，但日本艦隊總是能在合適的時間和地點集結優勢兵力，除了陸上的情報人員之外，應該也與此密碼的洩露有相當關係。

直到1938年中田敬義本人披露此消息之前，中國方面對此都懵然無知。而中田敬義揭秘時，大清國早已滅亡了27年，日軍的鐵蹄也幾乎踏遍了大半個中國。具體負責破譯的電信課長佐藤愛麿後作為日本全權代表出席1907年6月的第二次海牙萬國和平會議，在這次會議上，鑒於日本在甲午戰爭和日俄戰爭中的偷襲行為，全面修改了國際法。佐藤愛麿此後又擔任過駐美大使。其子佐藤尚武後擔任日本外務大臣及二戰中末任日本駐蘇聯大使，蘇軍揮師攻入中國東北，他是第一個得到消息的日本人，未知他在這樣的晴天霹靂下，是否還有心情回味父親破譯中國密碼的昔日榮光？

百多年來，多如過江之鯽的甲午戰爭研究者，對此細節多未重視，而美國人卻似乎受到了啟發。這一用「釣魚」手段破解密碼的方式，後來被美軍原樣用回到日本頭上。當時，美軍從日軍一系列電報中，發現十分頻繁出現「AF」代碼，估計應該是指中途島。為了進一步查實，美軍便用淺顯的英語拍了一份作為誘餌的無線電報，報告中途島上的淡水設備發生故障。果然不久以後美軍截獲的一份日軍密碼電報聲稱：AF可能缺少淡水。自此，美軍便對日軍動向瞭若指掌，太平洋戰局大為改觀。

# 3 上海「間諜門」夾傷美國總統

1894年12月1日，美國著名雜誌《哈潑斯周刊》（Harper's Weekly）發表記者拉爾夫（Julian Ralph）的長篇報導《美國在華的袖手旁觀》（American Helplessness in China），引起了美國社會的巨大震動，《紐約時報》等主流報紙也紛紛轉載。

JAPAN'S EXECUTED SPIES

Correspondence of Consuls and American State Department.

GRESHAM'S REPORT TO THE SENATE

Entire History of the Surreuder of Two Japanese Found in the French Concession and Claimed by China.

WASHINGTON, Jan. 15.—The President to-day transmitted to the Senate copies of fifty dispatches relating to the case of the

《紐約時報》於1895年1月用整版篇幅刊登上海「間諜門」事件中美國國務院與駐華外交官之間的往來函電

這篇文章尖銳地攻擊了美國政府對華政策的軟弱，起因就是美國政府居然將跑入美國駐上海領事館尋求避難的兩名日本間諜交給了中國當局。

文章詳細地描寫了這兩名日本間諜被移交給中國政府後受到的「非人折磨」：

「中國人將這兩名日本青年帶到南京，在那裏他們遭受了2天——有的說是3天的酷刑。他們讓日本人跪在鐵鏈上，用木條穿腿，人還站壓到木條上。日本人的指甲蓋也被生生拔除。他們在日本人的手腕上綁上鐵鏈，再拿燒開的水不斷澆在鐵鏈上，直到鐵鏈嵌進了

「上海間諜醜聞」給當時的美國總統克里夫蘭帶來了一場政治風波

骨頭。他們鉗壓日本人的舌頭。他們將日本人身上最敏感的部位捏碎。在種種生不如死的折磨中，劊子手的劍倒成了最痛快的一種。」

文章指責，軟弱的美國政府，正是造成這兩名日本青年被中國「殺害」的幫兇。

在野的美國共和黨如獲至寶，抓住這一事件，對克里夫蘭總統的民主黨政府發起了猛烈攻擊。共和黨領袖希歐多爾・羅斯福（後來的美國總統）鼓動議員們發起彈劾。共和黨參議員洛奇（Henry Cabot Lodge）隨即要求美國國務卿葛禮山（Gresham）公開所有相關文件，被後者拒絕，支持政府的參議員們開始站出來護駕，議會內爆發激烈鬥爭。

引起華盛頓巨大政治風波的這一事件，在美國歷史上被稱為「上海間諜事件」，或者「上海間諜醜聞」。這兩名成為中、美、日三國外交關注焦點的日本人，一名楠內有次郎（Kusunchi，1865-1894），一名福原林平（Fukuhara，1868-1894）。

楠內有次郎的家鄉是以陶器聞名的九州佐賀縣，他原姓青木，過繼給楠內家為嗣，遂移居到鹿兒島。因視力不合格，在報考陸軍軍校時沒通過體檢。這和「三崎」中藤崎秀（也是鹿兒島人氏）報考軍校未果相似。楠內隨後到東京專門學校（後來的早稻田大學）改學法律、英語。1890年，受荒尾精鼓動，他前往上海就讀於日清貿易研

究所，學習間諜技術。畢業後他加入了上海日清商品陳列所，回到日本，在九州、中國（日本地名）、大阪等地調查海產品。1894年，他陪同橫濱貿易新聞社社長，到中國內地調查了數月，因病留在上海直到戰爭爆發。在此期間，他開始實際從事間諜活動。

福原林平是岡山縣人，就讀於歷史悠久的藩校閑谷黌。在黌長（校長）、著名維新人物西毅一教誨下，年輕的福原慨然以國士自許。他第一次報考上海日清貿易研究所未中，竟直找到負責人荒尾精，慷慨陳詞，感動了荒尾精，被破格錄取。畢業後，他回到了日本，在岡山縣名刹國清寺隨海晏法師參禪。1893年11月，他與同學高見武夫一道回到上海，臨行前，海晏法師還贈送了他們寶刀。

戰爭爆發後，楠內、福原兩人都在上海潛伏下來，以商人名義從事間諜工作。隨即奉命到滿洲內地偵察軍情。預定的計畫是，先乘船到營口，經遼陽抵奉天，再去遼陽，返回奉天後將情報以電報發到上海，然後再前往鳳凰城，將沿途所見軍情隨時報告；之後向鴨綠江行進，調查入朝清軍數量及沿途軍情，提供給已經在朝鮮境內的日本第一軍，然後為該軍帶路。布置這一任務的日本武官根津一也坦陳，這一任務實在很艱難。

潛伏在上海的楠內、福原，準備奉命到滿洲內地偵察軍情。圖內1894年遼東半島及相關地區地域分布圖。

但是，人算不如天算，他們原定的8月11日的班船被取消，

圖為清末上海道台衙門的中國官員

下一班要到14日才能開行。考慮到兩人同時從日清商品陳列所出發會引起懷疑，遂決定假冒湖北商人住到法租界的同福客棧去。福原先在12日搬進客棧，楠內則於13日搬進，另一剛從滿洲回到上海、準備與他們同行的間諜景山則住進了全安客棧，三人裝作互不認識。

8月14日半夜，楠內、福原兩人在同福客棧被上海道臺衙門的差弁抓獲，隨身搜出關東地圖和清軍軍官名錄等，但因人犯是在法國租界內抓獲，只能交由法國巡捕房，而法國方面則乾脆將兩人交給了美國駐上海總領事，因此惹出件轟動世界的驚天大案。

中日甲午戰爭爆發後，美國受中日兩國委託，擔負起「調停人」（Good Office）角色，為兩國在對方國家中照顧僑民及利益。根據「調停人」原則，法租界當局將日本人交由美國外交官處理，倒也還在理上。

兩名日本間諜向美國總領事佐尼干（Jernigan）宣稱受到中國政府誣告，並要求獲得庇護。佐尼干很快批准了日本人的要求，並拒絕了中國政府的引渡要求。

清廷也不示弱，立即在北京向美國駐華臨時公使小田貝（Jenior Denby）提出嚴正交涉，小田貝的父親老田貝是駐華公使，此時回國休養，由其子代辦。同時，總理衙門指示中國駐美公使楊儒，立即向美國國務院進行交涉。

時任美國國務卿葛禮山是律師出身，一切行為講究法治和條理。他聞報大驚，立即指示小田貝，美國外交機構沒有權利庇護任何被中國政府指控有罪的日本人。

小田貝對此表示不同意見，認為既然美國充當了「調停人」，則在華日本人自然獲得美國在華享受的治外法權，兩名日本間諜不應被引渡給中國，而應接受領事裁判。兩人為此發生激烈爭論，電文往來十分頻繁。

在法理上難以說服葛禮山後，小田貝又訴諸道義，認為如果接受中國的引渡要求，則兩名日本人必然會被中國刑訊折磨並最終殘酷處決。

葛禮山不為所動，在他的強硬命令下，小田貝只好下令佐尼干，於9月3日下午5點在大東門外將日本間諜移交給上海道臺（根據宗方當天日記）。但同時，葛禮山與楊儒在華盛頓達成君子協議，中國政府承諾給日本間諜公正的審判，並在老田貝返回北京任上之前，不作出任何終審判決。

時任美國國務卿葛禮山認為，美國外交機構沒有權利庇護任何被中國政府指控有罪的日本人。

兩名日本間諜被移交給中方後，中國十分重視，兩江總督劉坤一親自下令將人犯押到南京審訊。同時，在天津和浙江也先後破獲了石川伍一案、藤島武彥/高見武夫間諜案，都受到美國領事的強烈干預，美國軍艦甚至應其駐寧波領事福樂（Fowler）之要求而前往示威。

美國國務院明確了美國處理此類事務中的界限後，天津和浙江的間諜案也很快審理完畢。隨後，這五名日本間諜分別在南京、天津、杭州被斬首處決，但並未事先通知美國方面。宗方小太郎在10月10日的日記中記載道：「研究所之學生楠內有次郎、福原林平亦自上海檻送至南京，上月二十四日被處斬首云。嗟，痛哉！」

小田貝對其上司的指令耿耿於懷，繼續寫信與葛禮山辯論法律問題，尤其是指出在上海有著十分複雜的、相互糾纏的中西審判體系，完全不必將日本人引渡給中國，他認為葛禮山向中國政府妥協的舉動，將會破壞西方人在中國享有的治外法權，導致中國本土審判權的復歸。這其實正是問題的本質，在華的西方人社會普遍對葛禮山感到不滿，認為美國政府此舉大長了華人的威風、大傷了洋人的面子。

同樣被葛禮山激怒的還有駐寧波領事福樂，他是一名著名的擴張主義者，他將這些事件通報給了麻塞諸塞州的聯邦參議員洛奇，後者隨即在國會對葛禮山的政策進行了猛烈攻擊。在議員的鼓動下，美國報章開始連篇累牘報導上海間諜事件，攻擊葛禮山和現政府，認為是美國政府的冷血和愚蠢葬送了兩名日本青年的生命。其中，《哈潑斯周刊》的報導因直接採訪了佐尼干，成為最有影響力的文章。《紐約世界報》（New York World）甚至公開質問「葛禮山腦子是否正常？」，認為「一個正常的領導人不會這麼做的」。親政府的報刊則在葛禮山協調下，展開了微弱的還擊，為政府的行為辯護。

上海間諜事件演變為美國國內政治鬥爭，國務卿葛禮山嚴厲指責了小田貝和佐尼干。小田貝和佐尼干見到事件已經危及到現政府的穩定，隨即改變口徑，承認了這兩名日本人從事間諜活動證據確鑿。

在親政府的議員幫助下，葛禮山最終抵抗住了國會中反對派的猛烈攻擊。

葛禮山指責中國公使楊儒沒有遵守雙方約定，中國政府擅自處決了兩名日本人，楊儒一開始還推說中國政府不可能實施處決，隨後則辯護說，他從未向葛禮山承諾過不處決日本人，是葛禮山誤解了他的意思。

有意思的是，在這場間諜風波中，日本的外交機構並沒有在前臺大肆活動，而日本外交文件顯示，他們在認真研究相關法律後，也認為美國政府的確沒有權利干預中國對日本間諜的審判和處置。這成為美國支持民主黨的報刊為政府辯護的重要理由。

心力交瘁的葛禮山隨後猝死在辦公室內，成為少數殉職在工作崗位上的美國政治家之一。

《哈潑斯周刊》對兩名日本人的「勇敢」表示了敬意，報導說他們宣稱：「你們可以殺我，但我的天皇會以我為榮」，報導認為這「更能體現日本人的精神」。楠內曾在家書中道：「今日之事，乃國家安危之關鍵，皇運隆盛之所繫。苟帝國臣民臨事而偷安，異日之事不可問矣。」拳拳之心溢於言表。而福原曾在乘船偵察長江時作了六十多首七律漢詩，其中有云：「欲試長江萬里遊，飄然來投月明舟。把杯堪笑人間事，越水吳山使我愁」，頗有豪情。據日本史料記載，他的未婚戀人山本幸子，讀到了他寫給她的另一首七律：「卿在瀛洲北海天，余遊萬里蜀吳川。此江月營此真影，寫出往時奇遇緣」，大淚滂沱，立誓終身不嫁，致力女子教育。

這一轟動美國的上海間諜事件，不僅譜寫了中、日、美之間的「三國演義」，更引爆美國內部政治鬥爭。美國國務院與其派駐在中國的使節之間所爆發的激烈分歧，也體現了當時美國外交政策的大紛爭。抱持擴張主義的駐華使節們希望利用此事，在東亞為美國攫取更大的利益空間。而美國國會的強力介入，則不僅有政見上的分歧，更有現實政治鬥爭的需要。上海間諜門事件成為美國內政、外交的焦點問題，轟動一時，在大量的報導中，中國野蠻、落後、背信的形象被進一步宣揚，為日後的大規模排華運動積累了相當的民意基礎。

甲午戰爭是剛剛走出內戰的美國第一次介入國際事務，是其主動「睜眼看世界」和「伸手管世界」的開始。上海間諜門事件則是美國理想主義的最後一次獻演，從此美國東亞政策被徹底修改，不干預主義讓位於炮艦政策，跟在獅子後面揀骨頭吃的「豺狼外交」（Jackal Diplomacy）被放棄，美國越來越深地開始主動捲入東亞事務。

上海間諜門事件也是滿清最後一次得到西方大國的平等對待，此後，甲午戰爭徹底暴露了滿清的虛弱，世界上再也沒有一個強國給予中國平等待遇，如何瓜分中國成為東亞國際政治主流。

# 4 和尚也瘋狂

1894年8月19日，渾濁的東海洋面上，一艘從鎮海開往普陀山的客船武寧輪正在鼓棹前進。這天正好是佛教中元節（鬼節），普陀山上要舉辦盂蘭盆法會。來自全國各大寺廟的僧人們雲集普陀，武寧輪幾乎成了和尚的專輪。

旅途寂寥，又是難得的同道大聚會，僧人們在船上相互傾談交流，十分熱鬧。但內中一位眉清目秀的年輕僧人，似乎與眾人格格不入。他那剃得趣青的頭皮上，並沒有中國和尚慣常而獨有的戒疤，而且舉止相當古怪。有不少人和他去搭腔，發現他似乎對教義不感興趣，或對交流不感興趣。但和尚們執著，不斷地去「騷擾」他，終於把他惹毛了，痛斥一番。周圍的僧人們大吃一驚：原來，他說的是一口日本話！

此時，包括浙江在內的沿海一帶正在大抓日本奸細，幾乎人人都已經曉得日本兵艦將大清國的租來運兵的英國商船高升號擊沉，死了上千名士兵。出家人再與世無爭，畢竟也還有國家概念，眾人便將這位說日本話的年輕僧人控制住了。

船將到普陀，清軍水師的元凱兵輪前來例行檢查，元凱號的大副、把總貝名潤登上了武寧號。這位說日本話的和尚，用並不流利的官話，自稱是廣西人，然後又說是貴州人。貝名潤見他言語支離，而且沒有隨身行李，就進行了搜身，查得墨水匣紙筆、普陀山僧人名單、懷錶及洋銀22元，形跡十分可疑，遂將其逮捕，帶到兵輪上看管了起來。

大清和尚們一點都沒搞錯，這位正是日本間諜藤島武彥，假冒和尚要到普陀山上與另一位日本間諜高見武夫接頭。那位高見武夫在普陀山的法雨寺以參禪為名潛伏了半年多了。

一起和尚間諜案掀開了帷幕。

藤島武彥出生於日本鹿兒島一個藩士家庭，順應當時日本潮流，考入東京陸軍士官學校，雖體現出「膽氣絕倫」的一面，但因數學、英語成績很差，學業堪憂，後經前輩指點，決意到中國大陸發展。

1888年，藤島19歲，就加入漢口樂善堂，隨即被派往西北考察。藤島的任務是配合另一重要間諜浦敬一，圖謀勸說新疆巡撫劉錦棠聯日抗俄，甚至希望能進入劉的幕僚長期潛伏。

湘軍名將劉錦棠（1844-1894），早年隨同叔父劉松山鎮壓太平軍和捻軍，軍功卓著。1870年，劉松山在鎮壓回部叛亂中陣亡，經左宗棠推薦，遺部由年僅26歲的劉錦棠接手。1875年，左宗棠西征新疆，劉錦棠擔任統領，總理行營營務，運籌帷幄，被叛匪驚為「飛將軍」。1878年左宗棠奉詔還京時，劉錦棠署理欽差大臣、督辦新疆軍務，直到新疆建省，於1884年被朝廷簡派為第一任新疆巡撫，其地位不僅是封疆大吏，更是對俄外交的關鍵人物。

作為在華最大的諜報機構，漢口樂善堂對此次西北行動極為重視，堂長荒尾精專派「學養有素、識見卓越」的「平戶三傑」之一浦敬一主持。樂善堂行動計畫十分周密：藤島武彥攜搭檔大屋半一郎先行，隨身帶價值1000餘元的書籍和雜貨，到蘭州先安頓下來開設店鋪，以回收的貨款作為浦敬一進入新疆的費用。

哪知剛出漢口不遠，藤島就遭到了水匪打劫。令水匪驚奇的是，這位自稱來自福建的年輕書商，看到劫匪卻不慌亂，從容對答。他對劫匪的頭目趙某道：「觀公狀貌，當係一方豪傑，何以不掠富豪，而劫余小商人耶？余殊為可惜。」

根據日本的傳記材料介紹，藤島是位眉目秀麗的美青年，姿容宛如美女。面對這位「小帥哥」，趙老大倒也爽快，講了一通官逼民反、無奈落草之類的套話，兩人談得十分投機，趙老大便將其釋放。而這位少年書商居然給了他一份大禮：一支嶄新的手槍。喜出望外的趙老大表示，將傳令沿江數千徒眾，對該書商不得為難，並妥加保護。

但藤島在和水匪趙某分手之後，趙某卻被官府抓獲，羈押在襄陽大牢中。藤島得知消息，星夜兼程前往救援，但到達襄陽後，趙某已被梟首。藤島便乘官府疏忽，將趙某的首級盜回。看守們一路追趕藤島到漢水邊，藤島無奈，便將趙某的首級綁在腰間，縱身躍水，游泳逃逸，終因體力不支，而在登岸後人事不省。他醒過來後，便在岸邊將趙某的首級掩埋，再通知趙的手下前去挖掘。藤島此舉令趙某的手下感激涕零，民國時期撰寫《日本侵華之間諜史》一書的鍾鶴鳴，因此感慨道：「浪人懷柔趙某部下也如此，其用心不可謂不深矣。」

在樂善堂作為偵察重點的六類中國人中：君子、豪傑、豪族、長者、俠客、富者，趙某正符合其中的「豪傑」的類別，是日本間諜的重要「統戰對象」。因此，儘管可能耽誤西北偵察大事，藤島武彥還是不惜時日前往營救趙某。

藤島中途遇寇和營救寇首，畢竟耽誤了時間，浦敬一等在蘭州苦候30天，不見蹤跡，盤纏用盡，只好放棄此次新疆之行。次年，不甘失利的樂善堂，再度派出浦敬一和藤島武彥兩人化裝成華商西行，先由水路沿漢水北上，再棄水登陸，翻越終南山，到達西安。兩人從3月末離開漢口，5月初方到達西安。在西安盤亙一個月，將所攜帶的書籍、雜貨售出以作為盤纏，又輾轉三個月後方於9月份到達蘭州。但盤纏用盡，只好分手。藤島武彥分得18兩白銀，返回漢口；浦敬一則帶著剩餘的50多兩，獨自入疆，並從此失蹤，成為日本間諜史的一

日清貿易研究所間諜學員們集體合影

大懸案。

弱冠之年的藤島武彥，至此已兩次膺任西北考察重任，可見樂善堂對這一位最年輕間諜的器重和栽培。

除了與水匪的遭遇外，在日本史料中，藤島還有另外兩次奇遇。

一次是在河南，他看到當地壯漢恃強凌弱，便出手相救，奪過棍棒將那傢伙教訓了一通，鄉民們十分感激，稱呼其為「少年豪傑」。

還有一次在江西廬山，他在山中迷路，見到有三人正在升火煮粥，便過去烤火，並要了粥喝。此三人其實是山賊，見一個眉清目秀的小夥子從山裏出來，還以為是妖怪現身呢。藤島吃完後便睡。山賊們發現了他帶的大筆盤纏，便起了歹意，想盜走。哪知藤島忽然睜開眼睛，大吼一聲，並拔出了短刀，嚇得三名山賊反落荒而逃。三人下山後，就報告官府說山上有細作，官府派人前來抓捕，與藤島發生激烈搏鬥。藤島的短刀誤傷了自己的右前額，血流如注，終於被捕。在獄中，藤島堅稱自己是琉球人，居住在福建，出來旅行而已，但還是被判處了斬刑。在處決之前，山賊中有一人在行劫時被抓，坐實了他們是「誣告」，藤島終被釋放。這是藤島間諜生涯中最為兇險的一次遭遇。

西北之行失敗後，1890年，荒尾精、宗方小太郎等主要間諜在上海籌辦另一家諜報機構日清貿易研究所。因辦所經費困難，藤島武彥遂返回大阪，從家鄉鹿兒島籌集資本，興辦了紙草製造所，以所得利潤貼補日清貿易研究所。當時，日本諜報多靠私人贊助的浪人組織完成，官方的財政支持並不很多，全靠民間的「愛國熱情」維持。

1894年中日開戰後，藤島武彥乘德國客輪再渡上海。此時，日清貿易研究所由日本參謀總部所派的諜報軍官、「中國通」根津一主持。根津一派出大批間諜前往遼東，策應日軍登陸。8月中旬，藤島武彥亦被派往東北，為日本第一軍先遣隊擔任嚮導。但藤島在返回日本時已剪去髮辮，很難再偽裝成中國人。躊躇之下，根津一決定乾脆讓藤島偽裝成和尚，先到普陀山會合另一潛伏於法雨寺的間諜高見武夫。

高見武夫是日本岡山縣人，日本黑龍會所編的傳記資料裏說他「平生寡言沉默，手不釋卷」。他曾在閑谷黌就讀，和福原林平是同學兼好友。1890年在東京的哲學館（東洋大學前身）學習宗教哲學，隨後在鐮倉圓覺寺學習禪學。

一個偶然的機會，他在圓覺寺見到了荒尾精。兩人交談之下，相見恨晚，高見自己的記載說，兩人在夜晚且飲且談，常至深夜。潛藏在高見武夫內心深處的「東亞經綸」雄心被激發出來，他便接受了荒尾精邀請，與福原林平一起前來中國。出發前，兩人前去岡山縣的另一名剎國清寺，拜見住持海晏法師。這位日本高僧不僅佛學修養高，似乎也很愛國，他給他們出具了前往普陀山寺廟的介紹信後，發現了他們行李中的日本刀，就說：「你們的刀太鈍了，為了給你們壯行，我送你們一把寶刀，陸上可斬犀牛，水中可屠蛟龍。」不殺生的和尚，卻向間諜贈送殺生利器，這也算是日本佛界的奇怪現象。高見被殺後，日本有人弔之曰：「自重元人三尺劍，電光影裏斬春風」，說的就是這把可屠蛟龍的寶刀。

1893年11月兩人到達上海。半年之後，高見受命前往普陀法雨寺，名為坐禪，實際潛伏待機。

藤島削髮後，搭乘8月16日的渡輪，從上海前往普陀山。19日，在鎮海換乘武寧輪（又稱江天商輪）。未想到，卻因船上和尚太多，而露出了馬腳被捕。

藤島被捕後，只承認自己是日本大阪鐵商，到普陀山是為了找到高見約其一同回國。問他：「既稱鐵商，何以故扮僧人？」答道：「現因中倭開仗，來往不便，故由上海削髮來鎮（鎮海）」。

正好此時法雨寺的方丈化聞亦在鎮海，他證實寺內確有個日本僧人高見，是今年正月裏才來的。官府遂派船將高見押到鎮海，將他混雜在眾僧人中，令藤島辨認。

高見與藤島從未謀面，混於眾僧之中，藤島哪裏能辨。按寧紹臺道吳引孫在報告中的說法，藤島「相視良久，茫然莫識」。因此，吳引孫認為：「藤島改扮僧裝，行蹤甚為詭秘；供詞亦極閃爍，難保非圖混入內地窺探軍情。尤恐有華人作奸，亟應徹底根究；以期水落石出。」隨即令候補通判梅振宗、鄞縣知縣楊文斌會同審訊，隨後吳引孫也親自審問，但藤島供詞依舊。

吳引孫無奈，對藤島用上了大刑。藤島熬刑不過，「於無可分辨之時，始據供稱係上海日本大越領事遣其來甬。並稱前往普陀，因恐路上有人盤問，故先落髮」。再問他是否刺探軍情、以及同夥等，則咬牙忍受酷刑，絕不招供。

藤島在供詞中說：「有一個姓福的東洋人，住在上海跑馬場開雜貨店，與高見好朋友；他因有病回國了。六月二十七日。小的由大阪

動身，……七月初四日到上海；會見那前在漢口領事處寫字的速水一孔，是小的朋友。十一日，帶領小的去見駐上海日本領事大越大人。那大越當與小的盤費英洋二十元，囑令小的到普陀山邀高見和尚同到上海，可與小的一同回國。並沒別言交代，也沒應許賞官賞財的事。十二日，大越就同速水一孔回國了。小的又受姓福的朋友所託，代向高見說他有病在家的話。因想日本人到中國來不便，故於十七日剃落頭髮，不為識破日本人了。況且小的會講中國話；普陀地方東洋人又不到的，所以小的扮做和尚；趁搭輪船要到普陀去的。小的是有家私兼開店業，漢口、上海認得小的的人俱多……今蒙研訊。小的實業受領事所託，去到普陀接高見，並沒作奸細，探聽炮臺洋面消息事。求寬恩是了。」

吳引孫密令定海廳同知趙惟崳前往普陀山再次勘察，並未發現除高見之外的其他日本間諜蹤跡。再三提審藤島和高見兩人，口供如前，沒有實質進展。便將藤島送押到鄞縣大牢，高見則交給城內的天寧寺，由普陀山下院僧人看管，並要求僧人們將可能前來探望的任何日本人一同拿獲。同時，通過浙江巡撫廖壽豐向總理衙門提交了報告。藤島一案，因查無實據，只好暫時擱置下來。

就在藤島被捕的前兩天，上海也破獲了日本間諜案，在中國政府要求下，兩名日本間諜楠內有次郎和福原林平在法租界內被中國差弁抓獲，但法國人堅持將他們送往美國駐上海總領事看管。中日開戰後，雙方均邀請美國代為照管在對方國家內的財物和人員。

9月下旬，上海諜案的兩名間諜供認不諱，坐實了藤島與高見的間諜身分。藤島也即招認，其得到日本總領事大越的密令，並領取了密碼，計畫會合高見後，一道測繪中國地形、窺探軍情。

案情查清後，根據大清律，「境外奸細入境內探聽軍情者，不分首從皆斬」。10月27日，根據電旨，浙江巡撫飭將藤島、高見兩犯押赴杭州清波門外執行斬首。藤島時年25歲，高見27歲。

高見被處刑這日，獄卒假稱要釋放他，等檻車來到清波門外刑場，知道自己已無可免，便向監刑官索要了筆墨，寫下了絕命詩：

此歲此時吾事止，男兒不復說行藏。

蓋天蓋地無端恨，付與斷頭機上雪。

而中國的官方文件中，則記載了藤島在供詞中的結語：「我說間諜也是敵國忠臣，這有何妨。」

兩年後，1896年6月，在甲午戰爭中大獲全勝的日本，派員前往杭州，起出了兩人的屍骸帶回日本。

1938 年，鍾鶴鳴在其《日本侵華之間諜史》一書中，感慨道：「我人對彼輩（指日本間諜）之用心，固宜深惡痛絕，但若輩之不懼艱險，為祖國作侵略先鋒的行動，以與國人早期之僅事口頭呼號，不曾在實際上用工夫以救祖國危亡者相較，國人思之，能無汗顏?!」

# 5 亂世孽緣：間諜與農夫

一個日本間諜，化裝成中國人，在東北刺探軍事情報，饑寒交迫中卻蒙一家中國人相救。日後日本軍隊攻佔了該地區，在殘酷的大屠殺中，該間諜「知恩圖報」，令日軍保護該戶中國人，並將該戶少年送到日本留學。這就是日本人津津樂道的「中日親善」故事。

這個故事的主角叫向野堅一（1868-1931），日本著名的軍事間諜，在甲午戰爭中立下大功。

向野堅一是福岡縣人，曾就讀於明善義塾和縣立修猷館，1890年來華，受訓於間諜機構上海日清貿易研究所，時年22歲。1893年畢業後，他先奉命在長江沿岸調查。甲午戰爭爆發後，他與日清貿易研究所的大多數間諜一道，隨日本僑民撤回長崎，隨後被派到大本營所在地廣島。

向野等十餘名在上海受訓的日本間諜，早在四年前就開始蓄養長辮，認為這「對於研究中國事情有很大好處」。到甲午戰爭爆發的時候，他們的辮子已經長達一尺二寸多，再加上流利的中國話，足以喬裝進入中國。

日本大本營對這群「中國通」十分看重，在宣戰的當天（1894年8月1日），參謀本部特別召見了向野堅一與藤崎秀、山崎羔山郎、鐘崎三郎、大熊鵬、豬田正吉等六人，勉勵他們「為君國盡最大努力」，日本參謀總長有棲川宮親王為他們親自訓話。六人還得以拜謁明治天皇，這令他們「銘感至深」，覺得「沐浴著無尚的榮光，立誓捨身報國，粉身碎骨在所不辭」。

這六人隨後編為「特別任務班」，準備執行滲透偵察任務。10月16日，他們隨日軍第一師團從廣島出發，前往中國前線，倉促之間還穿著西服。10月19日，艦隊停靠仁川港口。當晚，日本軍艦高千穗號前往旅順偵察，在花園口近海海面捕獲了四名中國漁夫，把他們的衣服強剝下來，作為間諜們的喬裝用具。10月22日夜，「特別任務班」受到第二軍司令官大山岩親自接見，隨即接受了任務。各人分得馬蹄銀一塊，約有三十兩左右，作為旅費，由軍艦上的水兵幫助切成了小塊銀兩。向野負責偵察普蘭店、復州一帶的清軍設防情況。

次日，艦隊離開朝鮮前往中國，第一師團足有二十隻運輸船，並有十六艘軍艦護航，向野在日記中為此「日本開國以來最大的遠征」歡呼：「嗚呼！日本帝國之海陸軍竟進出到北方，可謂強盛，足以壓倒歐洲，成為無與倫比的東洋強國，旭日軍旗也為之更加輝煌燦爛。」

10月24日，日本第一師團在無兵設防的花園口順利登陸，「特別任務班」便開始行動。在出發前，幾位間諜互相議論此行凶多吉少，不知誰會先死，為便於認屍，遂相約將中國布襪子的襪帶只繫上兩條，以此為憑。果然，六人中只有向野一人生還。第一師團長山地元治中將親自接見「特別任務班」，勉勵他們：「把生命奉獻給國家，義勇奉公」。師團參謀長大寺安純大佐「灑淚」下達出發命令。

為免引起中國人懷疑，他們故意錯開時間，最早的午後一點出發，向野殿後，傍晚五點多才出發。

向野穿著中國服裝，背著中國式的「錢褡子」，長約三尺，寬約七八寸，兩頭放東西，中間折起後扛在肩上。三十多兩碎銀則用布包著，揣在腰裏。他出發前日軍第一聯隊已經開拔，結果他被日軍當作當地人抓了夫役，扛著重物，走了一里多地後，見周邊沒有其他中國

人，他才向日軍說明真實身分，被放了出來。

次日凌晨，他從碧流河上游徒涉過河，事後證明，這是他第一次逃脫死神之手。因中國軍方加強了諜報防範，乘坐渡船過河必須出示紅色通行證，從下游過河的另三位間諜便因此落網被殺。

過河後，向野堅一在王家屯被當地百姓當作日本派來做間諜的朝鮮人而被捕，當時他的靴中藏有繪製的軍事地圖，為了消滅證據，在押往貔子窩清軍兵營途中，他故意踩泥水行走，將靴中的地圖弄濕踏爛。他向押解的百姓詭稱是福建福州人，以解釋其古怪的口音他說：「我實在是福建福州人，家中有父母雙親，如今蒙冤被捕，如我回不去，我父母親會餓死的。你們如可憐我的實情，肯釋放我，我死也不忘大老爺的恩德。」邊說邊哭，還跪下來不住磕頭。然後，他把腰裏的一塊碎銀遞給押解者，說綁得太緊了，手都疼了，希望能鬆一鬆。被鬆綁後，他就趁天黑跳崖逃脫，以北斗星為準，向西拼命逃竄。鄰近村莊的百姓都出來圍堵，他終於逃離追捕後，找個僻靜地方磨斷了繩子，繼續前往復州城偵查。

途中，在中國淳樸百姓的多次熱心幫助下，向野才得以解決吃飯問題，但帽子、夾襖等均已失落，在加上大雨和冰雹，晚上露宿「倍感寒風徹骨」。

10月28日，他到達復州城，城內駐軍已經被調往金州。偵察完復州後，他在前往普蘭店途中迷路，露宿於黃旗大屯龍王廟門口，在此便發生了後來被他濃墨重彩渲染的「中日親善故事」。

當夜天冷，屯中有一村民姜德純主動邀請向野至家。姜家老父姜士采為村中私塾先生，謊稱自己是福建人李寶林的向野便和他筆談《論語》、《詩經》，甚為投機。

筆談中，向野堅一還了解了更多的當地軍情，比如復州駐軍四五百人已經開到金州去，蓋平的清軍也要往金州集結等。姜家燒熱了炕後，向野堅一終於睡了開始偵察以來的第一個好覺。他在日記中寫到：「此夜，上天憐此哀民，使我得以避朔風之寒苦，真是厚承皇天之恩！想到此，不覺潸然淚下。」

次日清晨，主人拿出玉米粥、黑豆豆醬和豬肉小菜招待他，又送了兩個玉米餅作為中飯，送他上路。向野堅一向主人贈送一小塊銀子，卻被主人堅決辭謝。

向野堅一在前往普蘭店途中被清軍多次盤查，均被他僥倖蒙混過關。10月30日，他到達普蘭店，順利進行了軍情偵察。此時，他已經完成了所有預定任務，但他認為，金州離此僅四五里路，如果受命偵察金州城的藤崎秀出意外的話，金州重鎮的情報就無從得知了。但畢竟關乎自己生命安危，他也多少有些害怕，於是就揀了小石子占卜，卦象顯示金州可行。

圖為作為商人的向野堅一從北京回日本時與家人及創辦《骨肉》雜誌的子侄們合影。圖中的MOTO後來一直致力於中日友好，直到其在1994年去世，享年91歲。

當夜，他露宿金州城外，次日混在菜農隊伍中順利入城，將金州布防情況看了個遍，並意外發現了清軍在石門子地區布防。後來日軍進攻金州時，根據向野堅一提供的情報，繞過埋有地雷的石門子，從二十里堡實行進攻，避免了傷亡。

向野的功績受到日本軍方的高度讚賞，12月24日在師團司令部的宴會上，他被山地中將稱為「我們的愛子」，甚至連乃木西典等著名將領也為他斟酒，禮遇甚隆。

1895年5月1日，在復州隨軍行動的向野堅一，決定去拜訪姜家，「以盡禮節」。幾盡周折，終於找到了黃旗大屯姜家。姜家人卻早已忘卻此事，經向野堅一反覆提醒，才知道眼前這位日本軍官就是當時的落難人。兩人「回想去年相逢事，不勝喜悅，激動得流下了眼淚」，向野堅一記載道：「我作為一個曾被救助的落難人，語言難以表達我此時的快活。」

向野堅一將師團長山地元治中將特別獎勵給姜家的5元日本銀幣送上，雙方又是一番推謝。此時，村民們也圍攏來看新鮮，據向野日記記載，村民都紛紛稱讚他是一個「不忘恩德的人」。向野向姜家表示，日本軍隊將對他們家族給予保護，並請他到當地日本駐軍指揮部一起吃飯，當面將保護之事落實給當地日本駐軍，又帶駐軍軍官到姜家串門，並給姜家老父留了一封書信。向野堅一辦完這些回到師團部，師團長山地元治等高級軍官為此「中日親善佳話」十分高興。

一周後，5月7日，姜家老父在孫子姜恆甲的陪同下，前來探望病中的向野堅一，送來了十八個雞蛋和四隻雞，並要求向野將其孫子姜恆甲收為義子。向野很興奮地答應了，承諾將姜恆甲安置在日軍建立的行政署工作。

5月18日，向野堅一離開復州，姜家前來送別，向野堅一「想到復州從此難以再見時，不僅懷戀此地的山和水。」

晚年的向野堅一在回憶錄中，如實記載了當年日軍在東北尤其是旅順的大屠殺。

此後，向野堅一將十三歲的姜恆甲引薦給另一日軍將領桂將軍，桂將軍很喜歡這個中國男孩，便提議將他帶日本留學。姜家十分興奮。6月17日，姜恆甲來到金州準備奔赴日本京都。向野堅一送別姜恆甲時，「姜含悲告別」。當日，姜恆甲的父親姜德純也到金州買馬，向野堅一熱情招待。姜恆甲到日本後，在名古屋小學畢業，隨後在京都中學學習三年，後到神戶的廣和號上工作。日俄戰爭時，姜恒甲成了煤炭商人，獲利巨大。1914年日本攻佔德國殖民地青島後，姜恆甲又在青島擔任一家銀行的分行行長，大置田地，「成了很體面的紳士。」1924年，向野堅一曾到青島與姜恆甲見面，正好其父姜德純也在，兩人擁抱在一起，「互相保持著親密的關係。」

1895年6月1日，向野給升任師團長的乃木希典寫了《申請書》：「今戰爭已結束，幸保全一命，兩國之和平既成事實，今後即商業之戰。故報定以往之志向，去長江以南從事貿易為目的……又對台灣曾寄極大期望之處，一旦歸國，如派往台灣，誠乃厚望之事。」

根據日本史料，作為偵查東北的間諜中唯一的倖存者，向野堅一一直難以擺脫戰爭帶來的陰影，為此，他還特意與軍隊脫離了關係，而往商業方面發展。他於1906年在奉天開設了茂林洋行，兩年後又和中國人合股設立了一家正隆銀行，成為東北地區最為活躍的企

業家之一，還成為孫中山的朋友。向野堅一後來執迷於教育，在北京和奉天（瀋陽）建立了他的商業。他的妻子死後，妻子的三妹又嫁給他作為續弦，督導他前妻的四個兒子，經常給他寫信、寄作文，向野堅一便幫他們批改作文，並交流對教育的看法。後來，他的兒子們和侄子們一道，創辦了一份家庭手繪刊物《骨肉》，至今已成為研究當時日本教育、尤其是藝術教育的重要文獻。

向野堅一在1926年（昭和元年）寫了一本回憶錄《明治二十七、八年戰役親聞》，全書共三冊，內容有向野之從軍日記、筆述、口敘記錄及其他有關資料多篇。其子向野晋於1932年將上述內容油印成冊。當時僅分贈各日本社會團體，數量不多，流傳不廣。其中除《回憶日清戰爭》曾刊於1931年元旦出版《滿洲及日本》雜誌外，其餘均未公開發表。《向野堅一從軍日記》和《向野堅一回憶錄》史料價值為最高，在記錄向野的「英雄事蹟」及其和姜家的「中日親善」之外，也如實記載了日軍在東北、尤其是旅順的大屠殺。

向野堅一去世於1931年9月17日，第二天就爆發了著名的九一八事件，連日本史料也對他去世事件的巧合表示驚訝。

# 6 「死也要面向東方」

1894年10月31日晚，金州城西門外玉皇廟附近的殺人場又戒嚴了。全副武裝的清軍戒備森嚴，囚車載來了三名日本間諜。這三人都是清一色的中國打扮，腦後留著大辮子，穿著中國服裝。

劊子手喝令他們面向西南方跪下，但三人堅決拒絕。他們說，天皇陛下和日本在東方，一定要朝東受刑，死後靈魂好回到日本。

劊子手大怒，揮刀劈向他們，臉上被砍得血肉模糊，但他們堅持面向東方受刑，三人高叫著：「我們是大日本臣民，絕不會貪生怕死」。

劊子手手起刀落，三顆頭顱滾落在草地上，清軍隨後將他們草草掩埋。深夜裏，日軍的炮火已經依稀可聞，金州就快陷落了。

這三名間諜名為山崎羔三郎（1864～1894）、鐘崎三郎（1869-1894）、藤崎秀（1872-1894），名字中均有一「崎」字，死時分別為30歲、25歲和22歲。

日軍佔領金州後，多方尋找到他們遺骸，將其埋葬在金州城北虎頭山上，並將虎頭山改名為「三崎」山。「三崎」臨刑的地方，則立起「三崎處死地紀念碑」。俄、法、德三國干涉還遼後，日軍退出遼東半島，旅順大連隨即被沙俄強租，「三崎處死地紀念碑」和三崎墓全部被毀。十年後，日俄戰爭爆發，日軍重佔旅大，在虎頭山大興土木，為「三崎」立起了「殉節三烈士碑」，高五米寬一米，直到1945年光復後被中國民眾砸倒，在中國大地上樹碑立傳幾十年。

「三崎」中，山崎居長，資歷也最深。在上海日清貿易研究所

駐守旅順口的清軍

中，他並非如鐘崎、藤崎那般是學員，而擔任庶務一職，算是教職員工之一。

山崎本姓白水，原名濯，後改名為白水羔三郎，為福岡縣藩士之後。白水羔三郎幼習漢典與英文，「夙懷四方之志，廣交天下志士」。在21歲那年，出繼於山崎茂一郎，遂改名山崎。他先入玄洋社，被稱為「福岡玄洋社」青年三傑之一。後來，他被荒尾精的「興亞」思想吸引，經玄洋社前輩平岡浩太郎的安排，於1888年到中國，先在上海學習中文，後追隨荒尾精到漢口樂善堂繼續學習中文和研究中國問題。次年，他的中文相對進步、髮辮也已養長可以扮成中國人，即參與了樂善堂組織的中國全面情報刺探活動。

山崎負責雲貴調查，「尋找一割據地」，目的是「佔而據之，集天下志士好漢於此，生養之、訓練之，伺機舉事」。他因語言口音甚重，只好自稱為福建人或廣東人，化名常致誠，字子羔，先扮走方郎中，及至所帶藥材售盡，又改扮卜者，繼續前行。隨後被當地官員懷疑被捕，刑訊拷問下始終堅不吐實，竟然最後又被釋放。這次考察，「雲煙萬里，涉湖南之水，越貴州之山，過雲南之野，穿廣西之森林，行福建之荒郊，入虎狼豺豹之窟，遊猺獞苗蠻之巢，彷徨於瘴癘毒霧之間」（引自其發給胞兄的信），十分艱難，最後病倒在雲南邊境，不得不結束這歷時一年的冒險，返回漢口。

甲午戰爭前，山崎奉命到朝鮮，協助當時駐紮在漢城的混成旅團長大島義昌少將收集清軍情報。他化裝成從日本撤回的華商，「最早深入牙山敵營」，弄清楚了牙山清軍的兵力、虛實甚至防禦計畫，收穫頗豐。開戰後，他「又從軍於平壤」，直接參與戰鬥。向野堅一曾稱讚他「既奏大功又當大任，真九州男子之忠心光照東方，為後世之鑒。」因功回國與宗方小太郎等接受明治天皇親自召見。

日本明治天皇的官方畫像

蒙天皇召見的間諜共有三位，除了山崎、宗方外，另一人就是「三崎」之一的鐘崎三郎。鐘崎是山崎的福岡老鄉，曾在日本陸軍幼年軍校學習，因哥哥去世而退學，隨後到長崎學習中文。1891年來華，在上海日清貿易研究所學習間諜技術，隨後化名為李鐘山到安徽蕪湖潛伏，當時蕪湖正在興起反日情緒。甲午戰前，他奉命到膠州灣偵察，歷時35天。同時，正值日本輪船日本丸在威海衛附近觸礁，鐘崎隨以日本領事館成員的身分前去處理，藉機偵察威海衛軍港情況。隨後，他到天津，陪同日本駐天津海軍武官瀧川具和，駕駛帆船對各個海口進行水文測量，選擇日軍最佳登陸地點。中日宣戰後，鐘崎並沒有與日僑及其他日本間諜那樣先行撤離回國，而是悄悄去了山海關一帶進行偵察，填補了日本大本營的情報空白，被日本參謀次長川上操六稱為「不世之功」。川上操六向天皇報告了此事，因此，鐘崎三郎獲得天皇召見的殊榮。鐘崎三郎在寫給友人的信中說：「我無論遭遇何等危險，都要在敵國潛伏，以探聽敵情。若能逢凶化吉，當有魚雁報聞。倘無音信之時，亦即再無會期之日也。」

「三崎」中最年輕的藤崎秀，是鹿兒島人氏，畢業於熊本濟濟黌中學。主持濟濟黌中學正是著名的軍國主義者佐佐友房。藤崎畢業後，因體檢不合格而無法報考海軍軍校，遂到長崎謀生，立志成為實業家，卻被荒尾精的演說吸引，表示要追隨荒尾復興亞洲。但他家境貧寒，支付不了日清貿易研究所的學費，荒尾還同意幫助他提供一半的學費。1890年藤崎秀到上海，學習間諜業務長達三年。他認定荒尾對自己有再造之恩，「禽獸尚知報恩，何況人乎？」因此，他成為日清貿易研究所最勤奮的間諜之一。戰爭爆發後，他隨日僑撤回廣

浮士繪：日本第二軍攻佔金州城。

島，在日本第一師團工作，侵華第二軍組建後他又轉入軍司令部參謀部。

日本大本營十分重視諜報工作，將山崎、鐘崎、藤崎等「三崎」，與向野堅一、大熊鵬、豬田正吉等六人組成「特別任務班」，準備執行在旅順、大連一帶的滲透偵察任務。

1894年10月24日，「特別任務班」隨日本第二軍在旅順後路的花園口登陸，並分別銜命出發。其中，山崎負責最重要的旅順炮臺偵察，鐘崎、藤崎則負責偵察金州、和尚島的防衛情況。

根據「特別任務班」唯一倖存的向野堅一的記錄，日軍軍艦此前曾俘獲了一艘中國漁船，那些漁民的衣服被扒下作為間諜們的道具。山崎羔三郎穿著中國漁民的馬褂和棉褲，隨身攜帶朝鮮長煙杆一支，肩扛鋪蓋，隨日軍第一波登陸士兵上岸，最早出發。隨後是身著長褂、肩扛白色包袱的鐘崎三郎。向野堅一在日記中寫道：「（他們的）偵察任務很艱巨，一旦被支那人識破勢必一命休矣。我們為他們送行時無不落淚」。

午後三點，藤崎秀與向野一同出發，在窪地告別時，向野為藤崎編好髮辮，「完成支那裝束最後工序」，兩人灑淚相別。

但此時，中國軍民已經在前線嚴加設防，稽查日本奸細。為此，特別頒發了一種赤色的通行證，乘船擺渡必須出示，否則將被緝拿審訊，因此也有不少中國人被冤殺。「特別任務班」六人先後落網，除向野堅一逃脫並圓滿完成偵察任務外，其餘間諜中，「三崎」被同時處決，另兩人大熊鵬、豬田正吉則活不見人、死不見屍。

「三崎」中，鐘崎最先在碧流河西岸渡口被一名姓張的清軍巡邏兵抓獲，隨後是山崎在離碧流河不遠的貔子窩被清軍騎兵抓捕，最後是藤崎在曲家屯被當地民眾識破後落網。根據向野的回憶，他本人完成偵察任務後，於11月6日隨軍攻佔金州，即隨同日本海軍司令部的

浮士繪：日本偵察兵在奉天偵察

人到金州都統衙門檢查繳獲的文件，發現了有三份日本間諜檔案，其中一人名為鐘崎，再經檢視，另一名為「趙外梅」的應為藤崎，日軍此時才知至少這兩人已經落網。

向野遂開始四處尋找這些間諜同伴的下落，甚至命令日軍收集那些被清軍砍殺的人頭，「掰其口，解其辮，細細檢查」。在金州海防分府大牢中，向野發現了鐘崎、山崎和「趙外梅」的口供，確證了三人已經被捕。據向野記載，只有山崎在口供中交代了學中文、蓄髮等，「別無他事」。

12月21日，日本第二軍在金州為陣亡士兵以及「三崎」等間諜們舉行招魂祭，向野在日記中悲歎：「昨天還相互交談、握手言歡，知己朋友今留白骨在此地，雖流芳千古，實為異域之鬼，又怎能不使人痛哭？」

12月26日，日軍處決一名華人徐三，罪名是他「戕害通譯官藤城龜彥」，行刑時故意選用了鐘崎遺留下來的日本軍刀。

「三崎」是被金州副都統連順下令於10月31日夜斬決的。但日

浮士繪：日本偵察兵在田莊台偵察設伏

本有媒體說是火刑，以突出清國的野蠻，但向野認為這並不確切。向野在當地漢奸幫助下，四處尋找三人屍體及被殺經過。據當地人說，「三名奸細雖年輕，但毫無懼容，說：『我們不逃，你們殺吧。』至死坦然自若。」

日軍佔領金州後，多方尋找「三崎」等人的下落。

6日，日軍在金州西北門外的草地上發現了山崎所穿的衣服的碎片，隨即在第二天進行了全面挖掘。先挖掘出山崎的屍體，「發現首級完全砍落埋在腳下」，接著挖掘出鐘崎、藤崎的屍體和首級，確認身分後，隨軍僧侶誦經焚香，就地火化。

兩天後，2月9日，日軍在金州為「三崎」舉行隆重葬禮，師團司令部特賜三氏以「忠死」二字。同一日，鐘崎的故鄉為他舉行了盛大葬禮，福岡知事主持，四千多人參加，僅僧侶就有三百人，哀榮倍極，可見日本人對「英雄」的態度。他的好友中村綱次在官方的《日清戰爭實記》刊物中寫下長篇《故軍事大探偵鐘崎三郎君傳》（原文為「大探偵」），傳尾有詩弔曰：「富貴安逸君不順，欲立奇功試雄

才；托身細作事遠遊，嘗膽臥薪擔國憂；五尺短身總是膽，跋涉支那四百州」。這或許可以看作是這些日本間諜的集體寫照，其雖為中華仇寇，但「嘗膽臥薪擔國憂」的氣節和「跋涉支那四百州」的堅忍，卻是我輩值得深思的！

而與向野堅一、「三崎」等一起登陸的「特別任務班」另兩位成員大熊鵬、豬田正吉卻一直活不見人、死不見屍。這兩人是中學同學，又都畢業於日清貿易研究所。他們失蹤後，日軍打聽到清軍中有兩名日本青年很受器重，估計是此二人潛伏在內，但在慘烈的田莊台戰鬥結束後，多方查找也無音訊。根據一些學者的分析，此二人在離開花園口後，均被清軍抓獲，但很幸運地未被確認為間諜，而被收留在清軍軍營中。豬田正吉估計是在田莊台大戰中，被日軍炮火直接擊中，屍首殘缺而埋在亂軍中。而大熊鵬則在左寶貴軍營中，一直待到戰後，可能在遣送之前死於當地的瘟疫。日本黑龍會所編的史料，用相當多的篇幅記錄了日軍對此二人的尋找，最終都被追認為「烈士」，名列「征清殉難九烈士」。

# 7 教授也當007

1894年8月29日晚上，怡和洋行的連升號商船正從煙臺開往上海，大英帝國的米字旗在桅杆上獵獵飄揚，在這個早已危機四伏的海面上，給人一種安全的感覺。

宗方小太郎躺在船艙裏，卻絲毫也沒有安全感，心裏七上八下的。在這艘船上，他居然發現了6名認識的華人，其中有一個叫蔡廷標的，還是長江水師提標、親軍中營把總。而宗方知道，中國官方已經發布了他的通緝令，重點就在煙臺和上海一帶。

宗方知道，這一夜將是他一生中最漫長而艱難的一夜。

## 教授學者型間諜

宗方小太郎在日本間諜圈內，是一位教授學者型的重量級人物。他在中國不僅深入第一線到處刺探情報，更是提出了大量的戰略分析報告，成為日本決策層的重要參考，影響很大，奠定了他作為「中國通之第一人」（其婿宗方丈夫評價）的地位。日本外務省的文件是如此評價的：「此人抱夙志於支那，壯年之交赴當地以來，專心努力於該國習俗國情之研究，其間，或諜報事務，或國情介紹，等等，苦心努力於帝國勢力之擴張。外務省自xxxx年（原文如此）起囑其諜報事務，其報告於當局公務裨益頗多，功績卓著。」

宗方小太郎，字大亮，自幼喜讀歷史，與著名的軍國主義者、熊本縣人佐佐友房（1854-1902）交好，師友相稱。

佐佐友房幼習漢學，尊崇天皇，明治政府成立後，卻因參加西

鄉隆盛組織的鹿兒島士族反政府叛亂（史稱「西南戰爭」），被判處10年徒刑。3年後因病獲釋，周遊全日本鼓吹其「興亞」夢想。1882年主持熊本濟濟黌中學（該校至今仍是日本名校），培養人才以「護持皇室於無窮、宣揚國威於八表」。1890年佐佐友房當選日本首屆國會眾議員。1900年義和團動亂時，他曾出面策動李鴻章組建南方聯邦，被李鴻章嚴詞拒絕。

宗方小太郎日記原樣

1884年，中法戰爭爆發，日本加強了對華諜報工作。宗方小太郎隨佐佐友房來到上海，隨即進入上海東洋學館學習中文。該學館專為日本人學習中文，「教育日本的青年子弟，徹底查明支那的國情，他日大陸經營之時肯定需要」（長崎福岡玄洋社平岡浩太郎評價）。求學之餘，宗方小太郎薙髮易裝，打扮成中國人歷遊北方九省，全程步行，歷盡艱險，收穫頗豐。

1886年，日軍參謀本部諜報軍官荒尾精（又名東方齋）奉派來華，在漢口設立貿易機構樂善堂，以經營眼藥水、書籍、雜貨為掩護，組成了一個遍布中國主要城市的間諜網。宗方亦加入其中，擔任北京支部主任，以北京崇文門外「積善堂」藥店為掩護。北京支部是樂善堂諜報網的關鍵，荒尾精給宗方的信中就指出：「彼地（北京）為他日我黨（樂善堂）演戲之首要地方」，設立北京支部的目的就是

「無論遭遇任何時勢之變遷，得以及早透露其機於未顯之先，使我黨不失其機先也。」

1887年，宗方以學生名義再度申請赴東北考察，儘管遭到李鴻章的明確反對，但依然獲得了總理衙門頒發的遊歷護照，得以堂而皇之地刺探重要軍情。1888年，樂善堂明確宗方所負責的北京支部，主要任務就是刺探清政府中央情報，宗方因此還取了個號「北平」，自抒胸臆。在北京期間，為了籌集諜報活動經費，他還偶爾親自上街推銷樂善堂的藥品和書籍。他在日記中記載了有一次在崇文門外擺地攤賣書，「這在日本乃最下等之商人所為」，但是，「大丈夫或時為乞丐、為奴僕、為小吏、為商販，或為立於廟堂雄視宇內的英雄，或為仁人君子，皆隨時勢而浮沉，雖出沒似無常，而一片至誠之念則貫穿萬古也。」

諜報工作初有成效後，荒尾精退出軍界專事「民間諜報」，著手設立「日清貿易商會」，並在其下開設日清貿易研究所，培訓「支那通」。該研究所獲得日本政府從內閣機密費中的撥款，遂於1890年9月在上海英租界大馬路泥城橋畔開辦。宗方小太郎應邀擔任學生監督。

這個以貿易為名義的學校，根本就沒有開設經濟方面的專門課程，至1893年6月，由於財政困難被迫關閉，只培養了一屆學生。其重要成果之一，是在1892年，與漢口樂善堂編輯出版《清國通商綜覽》，共2編3冊2300多頁，成為研究中國的重要文獻。另一重要成果，即是所培養學生在隨後的甲午戰爭中志願從事翻譯工作及軍事偵探，多人被中國官方查獲後斬首。

在日清貿易研究所關閉前半年，1893年年初，宗方小太郎為籌款回到日本，但進展不順，落落寡歡，不得不於10月間再到中國。此時，中日在朝鮮的衝突有釀成大戰之勢，宗方小太郎隨即應日本軍方要求，開始頻繁活動，撰寫了大量報告，內容涉及軍事、經濟和宗教

等各個層面，如其《武漢見聞隨錄》中就包括以下主題：武漢三鎮情形、學校及教會、漢陽製鐵廠、武昌織布局、水師及陸軍概況、江南水師建制、鐵政局和槍炮局。

1894年6月，宗方奉命從漢口前往煙臺，接受日本駐華武官井上敏夫的指令，潛入威海親自偵察北洋艦隊基地。在他第一次偵察時，本想帶一個中國人隨行，「皆以此行危險，無人應者，余即決定單身前往。於是脫去整潔服裝，改著粗布衣服，蕭然一野人也。」7月8日，他從煙臺抱病出發，連日陰雨，全身盡濕。10日，抵達威海衛，當夜就發現灣內停有軍艦10艘、水雷艇3艘、汽艇1艘，並夜登城樓，「眺望灣內形勢及燈檯點火」。次日，他再度登上東門偵察軍港，發現在劉公島前還有軍艦13艘，隨後冒雨返回煙臺。

不出一周，日本所派的另一諜報人員從威海回來，報告說北洋艦隊的主力即將立即奔赴朝鮮，宗方便決定「再遊威海，偵察北洋艦隊之動靜」。這一次，天氣晴朗，宗方的日記中甚至還有在途中「夜登山納涼，月上夜靜，四山寂寥，旅魂飛至天涯」的閒適記載，並寫下了「此行非為煙霞故，擬為軍國輸寸誠」的詩句。

這一次，他再度詳細清點了威海衛軍港內的軍艦數量，並偵察西炮臺，勘察百尺崖等，為今後日本海軍攻擊威海衛搜集了最可寶貴的第一手資料。7月25日，他在返回煙臺途中夜宿老元山的小客棧，「受臭蟲、螞蟻、白蛉、蚊子來襲，終宵不能安眠」，這時他並不知道，就在並不遙遠的朝鮮豐島海面，日本軍艦已經發起了第一輪進攻，甲午戰爭（日本稱日清戰爭）打響了第一槍。

## 死裏逃生

7月28日，日本諜報人員在天津緊急開會，制定了中日斷交、日僑撤離中國後的潛伏方案。7月31日，宗方攜諜報經費回到煙臺。次

浮士繪：黃海大海戰，人類歷史上首次鐵甲艦隊決戰。

日，中日兩國斷交宣戰，井上敏夫撤離回國，宗方接替他在煙臺負責北洋艦隊情報的收集和彙總。

8月1日晚，從天津開往上海的英國商船重慶號被一群憤怒的中國人闖入，痛毆船上的日本乘客。此事件引起英國強烈抗議，但歪打正著的是，亂民們卻無意間搜獲了日本駐天津領事館武官瀧川具和大尉（化名「堤虎吉」）發給井上敏夫的諜報，中國政府得以破獲一系列日本間諜案。

4日，日本關閉了駐天津領事館，由美國領事館代為保護。所有日本外交人員和僑民全部撤離，只留下宗方一人，帶著567元諜報經費，潛伏了下來。此時，中國的反間諜行動大為加強，宗方也感覺到危險，他在日記中說自己當時做了三種準備：一是將機密文件整理處置好，以防萬一；二是為自己準備了新衣，一旦被中國抓獲的話，將「盛裝赴官府，有所從容辯解也」；三是也做好了死的準備，「萬一不能以事理爭，六尺形骸將一笑赴虎狼，泰然安命，示彼等神州（指日本）男兒之面目」。

這段時間，他化名為宗玉山、宗鵬舉、鄭如霖等，繼續親自或派出其收買的華人，不斷外出偵察，「屢次出入於生死之間」，得到了大量的動態情報。在駐守煙臺的三周內，宗方立下了平生最大戰功之一：他在威海探得北洋艦隊的出發時間，日本聯合艦隊遂得以在9月15日部署於朝鮮黃海道大東溝附近，以逸待勞，為隨後爆發的世界首次鐵甲艦隊大決戰作好了準備。日本陸軍大將本莊繁為此評價宗方道：「對君國做出極大貢獻。」

宗方的所有情報均寫信到上海中轉，但是，中國方面在上海截獲了宗方的兩封諜報信，隨即向煙臺發出通緝令。在通緝令到達前，宗方乘上了怡和洋行的連升號商船，喬裝逃離煙臺。這次潛逃，或許是他生平最驚險的一次。在走出領事館時，他的行蹤就被發現，「雖知事已敗露，進退兩難，但毋寧進而失敗，遂決心斷然登上連升號」。但在船上，他卻發現有6名相熟之華人。

宗方見狀危急，6人中有5人離得較遠，只有蔡廷標與自己挨得最近，避無可避，便「先發制人」，主動與蔡廷標攀談套近乎，蔡乍見

浮士繪：甲午戰爭結束，明治天皇從廣島回到東京。

到宗方，「吃驚無言」，宗方悠悠地說：「兩國已經開戰了。」

蔡則冷然回答說：「真的嗎？我還沒聽說過呢。」這樣的回答，其實已經在表態將不會告發宗方。

宗方說：「我幸好只是一名儒生，在國內（日本）並無官職，依舊可以放浪於山水之間。現在暫時先會上海，以避紛擾。」

蔡其實已經知道了通緝之事，他說道：「你很危險呀！你的生死就在這條船上了，你難道還不知道官府懸賞數百金通緝你嗎？」

宗方從容道：「你可以不告發我嗎？」後來宗方在日記中坦言，「此言係為考察蔡之心意以卜其向背而發」。

蔡說：「我當然不會，否則你我恐怕不再有相見之日了」。

在蔡的掩護下，沿途的多次盤查，宗方都僥倖過關。船進上海吳淞口時，中國方面再度上船盤查，並且明確說是捉拿Munakata（宗方的日文發音），而宗方就混在看熱鬧的旅客之中，有驚無險。宗方事後感慨「實似有天佑者，天不我棄，我豈能自棄乎？」他說自己「一顆首級前後經過八次厄難，安然無恙。區區廉價之二三百金，上天豈許以哲人之頭交付兇手之刃下乎？」

到上海後，宗方於9月7日乘英國輪船安塞斯號逃回日本，得到日本高層的隆重禮遇，被直接接到廣島大本營，並在那裏受到明治天皇的接見。他在大本營中，修改完成了他的兩份戰略報告《中國大勢之傾向》、《對華邇言》，對中國政治社會形勢做了深入的分析，至今讀來，仍令我國人擊節慨歎。隨後，他隨日本艦隊攻擊大陸和台灣，為日軍起草了大量中文文告，鮮明地提出了「驅除韃虜、恢復中華」的口號，成為日軍政戰的有力武器。

## 「文力征伐」

甲午戰後，宗方小太郎到漢口經營中文報紙《漢報》，為日本

浮士繪：樺山資紀在黃海海戰中。

利益進行「文力征伐」。早在1890年，這位教授學者型間諜就呼籲「以發行報紙作為對中國的指導機關」，他寫給佐佐友房的信中表示：清國「報紙之報導、評論頗具動搖朝野人心之勢力，慮及日本今後對清國之政略，於上海、漢口等要地設二、三機關報紙，其必要性自不待言。希望設立，以為國家之事業，為後來之所計。總之，如不安插各種勢力於各地，則舉步而維艱。」

甲午戰前，他就在日本到處活動，爭取政界的支持和經濟界的贊助，隨後，還在樂善堂舊址設立了一家「東肥洋行」，專門尋找進入報界的機會。

1895年8月，他辭去了在台灣的官職，為準備對俄作戰回到上海，加快了辦報計畫。他看中的目標就是英國字林洋行於1893年在漢口創辦的的《字林漢報》。該報與著名的英文報紙《字林西報》和在上海的中文報紙《字林滬報》是姐妹報，但《字林漢報》經營不利，虧損嚴重，英國人正有拋售的計畫。

宗方小太郎便與《字林滬報》的經理、《字林漢報》的前任主筆姚文藻進行接觸。姚文藻曾多年遊歷日本，回國後擔任過《申報》主筆，與岸田吟香交好，是岸田在上海所辦「玉蘭吟社」的成員。雙方的洽談十分順利，日本官方在幕後一直秘密支持，全部3000日圓經費全部由海軍大臣西鄉從道、海軍中將高島柄之助、台灣總督樺山資紀的名義「捐助」，終於在1896年年初成功收購，表面上仍以宗方小太郎私人名義經營，成為「日本人在清國境內創辦中文報紙之嚆矢」。自此，日本在中國有了自己完全控制的「喉舌」。

日本駐漢口領事瀨川淺之進曾在工作報告中透徹指出，甲午戰爭之後，中國「上下之感情頗惡，厭日人極甚，加之發刊於清國各地報紙競相痛罵日本，甚至宣導聯俄制倭之論，朝野官憲之意向，亦傾注於此，故於漢報紙上辯支那各報之妄言，冷卻俄國崇拜之熱，以期明脣亡齒寒之誼，融合朝野官民之感情。」

《漢報》的目的有三點：一是「介紹日本之實情於支那之官民，以令其信於我」；二是「明脣齒相依之義，行一脈相承之實」；三是「抑制舊黨援助新黨，以助維新之氣象。」核心還是「興亞主義者」們所推崇的先改造中國、然後中日聯手對抗西方。

偽滿洲國「總理」鄭孝胥為宗方小太郎撰寫墓志銘。

宗方經營《漢報》該報4年，按其自己的說法，「開發中國之風氣，鼓舞中國之市民，振作政治教育，勸興農工商務，使中國四萬萬之民脫歐人將吞之虎門，以欲全同文同種同洲之義務天職」。梁啟超也盛讚「在聖主幽囚，新政墮墮，內地報館封禁無

位於熊本市小峰的宗方小太郎墓

存」的時候，「《漢報》以日本人之力，疾呼於漢口」，成為「日報之卓卓者」。

但在大清政府看來，這家報紙「誤信康黨之謠言，而不知康黨之陷中國於危難之深淵」（張之洞信），終於1900年被湖廣總督張之洞查禁，中國官方出資3000兩白銀收歸國有。

除了辦報之外，宗方還積極參與創立東亞同文會，高喊「保全中國」的綱領，推行亞洲版的「門羅主義」。1914年在上海設立東方通訊社，打破了路透社1872年建立遠東分社以來對中國新聞市場的壟斷，以後成為日本在華的官方通訊社。1923年病死於上海，大正天皇特旨賜勳，安葬於熊本市小峰墓地，至今仍為日本人「朝聖」場所之一。終其一生，宗方小太郎主要生活、「戰鬥」在中國，但至死也未能看到這個「腐敗的大廈」氣象一新。

宗方小太郎曾填一曲《寄燕京諸君》，內有：「草鞋曾凌岱嶺頂，匹馬遙飲鴨水湄。此行不知何所得，懷抱只有哲人知」之句，或是這位大間諜的顧盼自雄？

# 8 「五百年一遇的偉人」

如果說虛構人物007是冷戰時期西方間諜的象徵，那麼，歷史人物荒尾精就是日本近代對華諜報的007——不，確切地說，他就是那個指揮007間諜網的M。

這個不折不扣的間諜頭子，卻是個典型的「亞洲主義者」，與主張「脫亞入歐」的日本政界主流完全不同。他在1892年的時候就表示說：「支那（中國）是亞細亞大競爭的目標點，亞細亞大競爭的目標點亦即世界大競爭的中心……支那和我國是唇齒相依、輔車相保的關係」（《日清兩國的關係》）。而在其1895年完成的《對清辯妄》中，他認為「中國人民足以與謀東洋大事」，「東洋的大事唯有日中兩國齊心協力經營之一途。若捨此一途，茫茫大陸將被歐美列強宰割分食，能倖免者幾希矣。」

在日本，荒尾精（1859-1896）並不是簡單地作為一個功勳卓著的間諜而被記入史冊，除了在最危險的敵後身體力行、出生入死外，他更多地還是被看作一個思想家，一個「興亞主義」的先驅。有關他的首部傳記，1910年在日本出版時，題目就是《巨人荒尾精》。他的同胞稱他為「東方問題興亞大策之中樞人物」、「東方志士中之泰山北斗」。根據黑龍會《東亞先覺志士列傳》記載，著名的軍國主義者頭山滿甚至誇之為「每五百年才降世的一大偉人」，「西鄉隆盛之後之一大人傑」。

荒尾精生於名古屋藩士之家，有一種說法說他出生在中國大連，但我未能考證，暫且存疑。荒尾精幼年之時，正是明治維新初期，廢

藩置縣，全家遷於東京，家道衰敗，甚至無錢供他入學。16歲那年，東京的一名員警菅井誠美收留了他，為他提供學費等，他才得以接受漢學、英語、數學等教育。菅井誠美是鹿兒島人，而鹿兒島正是薩摩藩的重鎮，鹿兒島的軍人西鄉隆盛等，當時竭力鼓吹征韓論，並且對明治政府的一些新政進行了抵制，最終導致一場慘烈內戰，史稱「西南戰爭」。西南戰爭以反政府的薩摩藩徹底失敗、西鄉隆盛自殺而告終，但他們的征韓主張也因此深入人心。需要指出的是，當時日本海軍的主力就是由薩摩藩構成的，西南戰爭失敗後，軍內展開了清洗，海軍的地位一直被壓制著，這成為甲午戰爭初期日本海軍比陸軍更急切地想建立功業、甚至為此不擇手段的主要動因。荒尾精在菅井誠美家，受到了鹿兒島軍人們擴張海軍、建立海權、征服朝鮮的海外雄飛論的強烈薰陶。

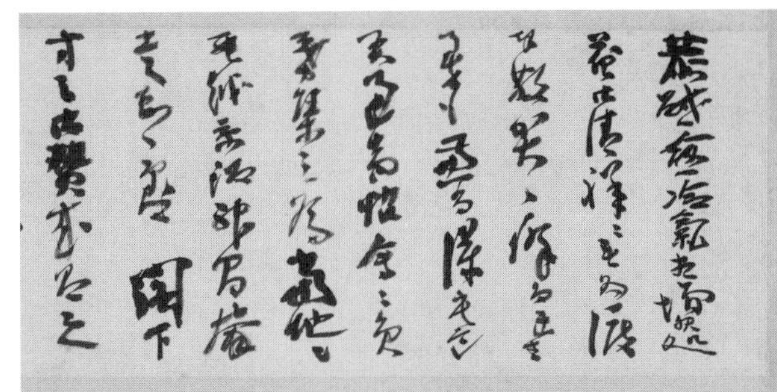

荒尾精發給大隈重信的以中文書寫的信函手跡

1877年，西南戰爭失敗，鹿兒島軍人們受到排擠打擊，年近20的荒尾精便決心棄學從軍。他認為，沒有調查就沒有發言權，日本日後要對付中國，就必須切實了解中國，而這一切都與軍事有密切關聯，因此，首先必須培養自己的軍事知識和技能。在這樣的想法下，荒尾精離開了本已入讀的東京外國語學校，轉入陸軍教導團，就讀於炮兵科。這在當時，可算是對文化要求相當高的技術兵種。

一年後（1878），荒尾精從教導團畢業，被分配到大阪鎮台擔任軍曹，隨即又被選入陸軍士官學校步兵科。當時日本培養軍官，

荒尾精早年軍裝照

多從教導團的下士之中，選拔優秀者，送入士官學校。荒尾精從軍，本是有備而來，吃苦耐勞，而且此前的學問底子十分紮實，因此如願入選。在軍校的兩年時間，荒尾精與20多個志同道合的同學結成一個小團體，經常在一起探討「興亞」大計，習武強身，聞名全校。他刻苦攻讀，將應修的課程以及軍事知識，掌握得十分透徹，順利畢業並獲得陸軍少尉軍銜。這時，他再度顯露不同常人的思路。士官學校畢業生，一般都做著日後當上將軍元帥之類的從軍夢，但荒尾精志不在此，在朝鮮發生壬午兵變後，他就希望能到中國去一展他的「興亞」抱負，於是，奔走託告，希望能辭去軍職，渡海赴華。

當時的陸軍大臣大山岩接見了他，聽他陳述興亞志願，大山岩問他：「目今青年有為之士，大都爭往歐美留學，足下何以獨欲赴固陋之極的中國呢？」

他說：「惟其因為大家都醉心歐美而置中國於不顧，所以我想到中國去。」他解釋自己到中國去，是要「略取中國，然後施仁政，以圖復興亞細亞。」

日本陸軍因為荒尾精剛畢業，便不許他辭職，將他派往熊本去擔任第十三聯隊的隊副。根據日本史料，他在任內十分稱職，得到士兵們的擁戴，在部隊中很有點名望。但有著鴻鵠之志的荒尾精十分鬱悶，感慨「東亞大局日非，何日宿志得伸」，「中國距日本僅一衣帶水，然身似籠中之鳥，無法展翅高飛，徒然對四百餘州（指中國）魂牽夢縈，嗚呼！」「組織」上儘管感覺他不安心「本職工作」，但對

他還是十分器重的。

荒尾精並未放棄努力。在熊本服役期間，他遇上了也在軍中擔任中文教官的御幡雅文。御幡雅文是日本外務省首批來華留學生，隨後又曾在歐洲留學，見聞廣博，對華語（今普通話）、上海及台灣方言頗有研究。他的門生中還有位鐘崎三郎，也是甲午戰爭中著名的間諜。荒尾精便拜他為師，一有空閒就學習中文。因此，在熊本的兩年，他「夙夜勤勉」，「未有一夜廢其既定規矩」，不僅在軍事知識上繼續獲益，而且中文進步很大，不僅能夠進行日常對話，而且能寫簡短的句子。

功夫不負有心人，兩年後，日本陸軍當局下令將他調往參謀本部中國課，可以接觸各種有關中國的機密文件和地圖等。由此可見日本軍政當局對量才用人的重視和高超手腕。當時的參謀次長川上操六（1844-1899），對這位下級軍官十分器重，如荒尾精求見，即使川上正與高級將領會談，也必離席接見；而如果反過來，川上正與荒尾精在談話，其他高級將領要求見，往往需要等荒尾精談完了才可接見。荒尾精與川上相差15歲，地位更是懸殊，但這種公誼、私情卻保持了一生。日後，當荒尾精在上海創建間諜學校日清貿易研究所時，川上不僅鼎力相助，為他爭取國家撥款，而且和夫人一起將私宅抵押，將所得款項盡數捐給荒尾精。這樣的忘年交和克己奉公，如同日本另一名將乃木希典將兩個兒子都送上前線、悉數戰死一樣，即令其人為我中華大敵，其行為、其品性亦值得我輩深深景仰，當知日本當年的勝利並非僥倖獲得。

在參謀本部工作期間，荒尾精不僅大量接觸機密文件，對中國的認識日益深刻，而且得以結交各方人士，建立了日後為其大展身手「保駕護航」的人脈網路。其中的著名人物有執掌熊本濟濟黌中學的著名思想家佐佐友房和周遊世界的今野岩夫。今野岩夫曾身背乾糧，冒著嚴寒，穿越北海道，孤身探險西伯利亞，歷盡艱難，而後又從西伯利亞轉入蒙古出印度而達波斯。在波斯身染疫病，幾乎瀕死，得波斯王資助後回國。隨後又到中國西南邊境，在中法戰爭期間，他甚至還加入劉永福的黑旗軍，多次參與血戰，死裏逃生。今野岩夫的故事令荒尾精入華的豪氣大增。在參謀本部工作期間，荒尾精撰寫《宇內統一論》和《興亞策》，系統闡述了他的興亞思想，引起了廣泛的關注。尤其是他的《興亞策》，成為日中兩國「興亞主義」者的經典，他提出，日本如果與中國聯合，依託中國的財力，可以建立120萬以上的強大陸軍和百艘軍艦以上的強大海軍，則「日本的尚武精神與中國的尚文風氣相融合，並行不悖，相輔而進，則東洋文明必將發揮於宇內，宣示亞洲之雄風於四海。」這樣的論調，在宗方小太郎乃至梁啟超等人那裏，也時有共鳴。

在參謀本部的磨礪終於得到回報，1886年，在川上操六親自安排下，已晉升為陸軍中尉的荒尾精終於夢想成真，奉命潛入中國進行諜報工作。在上海，他得到了另一個忘年交、頗富傳奇色彩的岸田吟香（1833-1905）的大力支持。

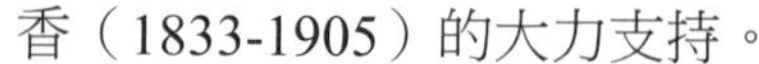

岸田吟香

岸田吟香是上海灘大名鼎鼎的日本商人，他的樂善堂既是出版暢銷書的書局，如銅版活字印刷的四書五經袖珍本，和漢英詞典等；也是以經營獨家配方的眼藥水為主的藥房。戴眼鏡、穿馬褂的岸田吟香溫文爾雅，舉止謙和，還經常為當地窮人搞些免費發放眼藥水的慈善活動，口碑很好，連湖廣總督張之洞及其幕僚都曾找他治病，在中國官場內左右逢源。此人在日本乃是風雲人物，陸軍特務機關玄洋社的核心間諜之一，他自幼學習漢學、漢醫，能詩善文，號稱「神童」。但因文章惹禍，不得不離開江戶，潦倒江湖，靠著幫一位美國傳教士編輯《和英對譯詞典》，而熟悉西方事物，並創辦了報紙。1872年，岸田擔任《東京日日新聞》記者，被時人稱為當時日本的四大筆桿子之一，並因隨軍採訪而與軍方關係日近。但他在事業頂峰時，突然下海，經銷那位美國傳教士贈送給他秘方的眼藥水，一舉而成巨富，隨即遷居上海，擇機待動，一邊為日本政府提供對華貿易情報和建議，一邊不計報酬地為日本軍方搜集情報，並效仿春秋年間孟嘗君故事，為日本浪人們提供棲身之地。

荒尾精與岸田吟香會晤後，惺惺相惜。岸田吟香為荒尾精謀計道：「足下如欲調查中國大陸，最好化裝成商人，較為便利。本人可助一臂之力，當在漢口設立一樂善堂支店，委君經歷，足下可分頭派人赴中國各地販賣本堂藥物等品，既可掩人耳目，又可將售得之款，供調查費用。」

不多久，荒尾精主持的樂善堂漢口支店便在岸田吟香資助下開

日本在京都樹立了「荒尾精先生顯彰碑」。圖為2004年祭拜儀式。

張，從在華的浪人中召集了志同道合者，準備「改造中國」，漢口樂善堂從此成為盤踞華中地區的日本間諜核心機構。在岸田和荒尾精的精心組織下，樂善堂漢口支店建立了遍布中國全國的諜報網，為日本輸送大量情報。隨後，兩人又克服種種艱難，在上海成立了另一間諜機構日清貿易研究所，培養新間諜。這兩個機構在甲午戰爭中，為日本立下巨大的功勳。日清貿易研究所除提供大量軍政情報外，也對中國經濟進行深入研究，出版《清國商業總覽》，「世間始明中國實情」，煌煌2300多頁，成為研究中國的重要文獻。

在其堅定的「亞洲主義」思想下，荒尾精所主持的兩個諜報機構：漢口樂善堂與上海日清貿易研究所，其宗旨並非簡單地為了「征服」中國，而是要在征服中國後，再結合日中兩國的力量，實現黃種人的崛起，以對抗西方白種人的侵凌。這可以說是大東亞共榮思想的早期表現，正是在荒尾精等人的努力下，甲午戰爭失敗後的中國不僅沒有掀起仇日情緒，反而將中日親善關係從官方到民間都推向空前絕後的高峰，並因此而刺激了「黃禍論」成為西方的政治主流。

1896年，荒尾精前往剛被日本征服的殖民地台灣，染鼠疫而亡。至今，他的著作《宇內統一論》和《興亞策》等仍是日本研究中國的重要參考資料，對他的研究在日本學術界也從沒停止，而日本民間至今仍然供奉著這位無論思想上還是行動上都得到同胞認可的「巨人」。

在熊本服役期間，荒尾精曾寫有一首七律以自勉：「告君千古英雄士，遇得盤根錯節來。馮翊功成登麟閣，班超名遂入雲台。艱難經歷皆如此，辛苦遭逢豈啻哉？請見前園梅一朵，堅冰凌得復能開。」

# 9 私營老闆支撐諜報網

甲午戰爭期間活躍在中國的日本間諜網，主要是樂善堂和日清貿易研究所體系。這一耗資巨大的諜報系統，卻幾乎沒有拿過日本政府或軍方的錢，不僅沒有享受「機關」待遇，甚至連「事業單位」都算不上，純粹是自負盈虧的民營企業，而且只「燒錢」，不產出。

與此相仿，甲午戰爭時期的大多數日本間諜，只是在戰爭爆發後才被納入軍隊系統，而此前，都不屬於國家「公派」，同樣沒有「公務員」待遇，只從所贊助的企業這裏領取微薄的生活津貼，是「間諜志願者」。

在背後支撐這個龐大的間諜網的，是一家日本的民營企業，它通過卓有成效的在華商業經營，以商養諜，商諜結合，既節省了日本的軍費開支，也拓寬了諜報管道，提高了諜報效率。這家「盡忠報國」的企業，名喚「樂善堂」，這位「無私愛國」的企業家，名叫岸田吟香。

樂善堂的廣告

## 妓院裏的「名記」

岸田吟香（1833-1905）是日本第一代成功的企業家，聲望甚至與啟蒙思想家福澤諭吉並稱。如果說福澤是西方文明的引進者，岸田則是一個最成功的移植者和消化者。很難想像，這樣一位官方的紅人，年輕時曾因著文而惹惱了軍方，不得不躲到江戶的妓院做龜奴維生。

岸田為岡山縣人，本名國華，自號「銀次」，後以更為書卷氣的諧音詞「吟香」自號。岸田自幼便有神童之稱，學習漢學，造詣不淺，這為他日後發家的漢籍出版及中國事業打下堅實基礎。二十二歲時他前往大阪，於漢學之外開始學習「蘭學」（即西學，因首自荷蘭傳入，日本人通稱蘭學），與木戶孝勇、西鄉隆盛等一干後來的維新志士結交。

年輕人接觸了如此多的新思想，自然就看不慣保守、顢頇的幕府官僚們，加上本就漢學深厚，落筆成文，並開始抨擊時政、指點江山了。如此，自然觸犯了當權者的忌諱，下令要抓獲這個離經叛道的年輕人，岸田只有落荒而逃，隱姓埋名，最艱難的時候，只好到妓院裏做僕人，伺候嫖客們。

但筆桿子還是有用途的，幾經周折，經過好友介紹，岸田認識了美國長老會傳教士、賓夕法尼亞大學醫學博士赫本（James Curtis Hepburn，1851-1911）。赫本博士在日本先後生活三十三年，培養了不少一流人才，在該國朝野影響甚大。他有個孫女叫凱薩琳，日後比爺爺的名氣還

美國影星凱薩琳·赫本，其祖父發明的眼藥水成為支撐日本對華諜報的經濟支柱。

大，曾四度榮獲奧斯卡金像獎，是大名鼎鼎的美國影星。赫本博士當時在橫濱，邊行醫、邊傳教，還邊編輯日本第一本英文詞典《和英辭林集成》。為了編輯詞典，他需要一位精通日文的專家，岸田是當然的人選。於是，岸田就住到赫本博士在橫濱的住所內，生活總算安定了下來，而且開始更系統地學習英文，並對西方世界、尤其是西方報業有了深入的了解。這一年他已經31歲。

1866年9月，赫本博士偕岸田同來上海，著手詞典的印刷事務，直到次年5月印刷完畢。在繁華的東方第一都市上海生活了九個月，大大拓展了岸田的視野。

回到日本後，岸田重操筆耕舊業，辦起自己的報紙《海外新聞》，每旬出版，充分發揮自己擅長英文的長處，摘編世界各地新聞，類似日本的《參考消息》。之後，又出版《橫濱新報》。期間也多次嘗試下海經商，但都不是十分成功。1872年，岸田擔任了《東京日日新聞》（Tokyo Nichinichi Shinbun）的主筆，這給他一個充分施展才華的舞臺。岸田筆力雄厚，縱談時事，一時聲譽雀起，被稱為四大「名記」之一。1874年，西鄉從道率軍侵略台灣，頗有文名的岸田獲得了軍方的諒解，得以成為日本第一位隨軍記者。他的戰地報導深受歡迎，令《東京日日新聞》發行量大增。

就在岸田新聞事業將至頂峰時，他卻突然棄筆下海，開始經商。原來，為酬謝他在詞典編撰中的努力，赫本博士將其研製的一種水溶性眼藥配方送給了岸田，岸田將其命名為「精錡水」（Seikisui），大為暢銷。

1877年，「名記」岸田正式辦起了公司，名喚樂善堂，地點就在東京的銀座。除了眼藥水這一獨門看家產品外，他還經營別的藥品，以及書生最愛的生意：賣書，生意興隆，財源廣進。

## 上海灘聞人

日本的生意穩定後，岸田便來到遠東第一大城市上海開拓業務。在英租界河南路開設了樂善堂上海分堂。精通中文的岸田撰寫了《衛生寶函》，為他經營的藥品大做宣傳，其中國業務迅速開展起來。

岸田心思靈敏，富於創造性，他發明了岸田式銅版活字，翻印中文典籍。當時中國的主流出版物是四書五經、諸子百家，但這些著作多為木刻印刷，開本巨大，卷帙浩繁，不便攜帶，及至岸田用銅版活字，印刷小字袖珍本之後，因攜帶便利，引發了全國範圍的購買狂潮，給上海樂善堂帶來滾滾財源。

岸田在中國的生意經，並不只局限在賺錢，而是名利雙收。他的出版業務，不只在技術上創新，更是在普及文化方面下了大功夫，其出版的書籍，面向中下層階級，用意很深。

根據中日兩國所收藏的《樂善堂精刻銅版縮印書目》及《樂善堂發兌銅板石印書籍地圖畫譜》統計，《四書五經》解說書、科舉考試參考書、試題集及辭書、韻書、類書、尺牘和一般的學習參考書，共佔其出版總數將近一半。

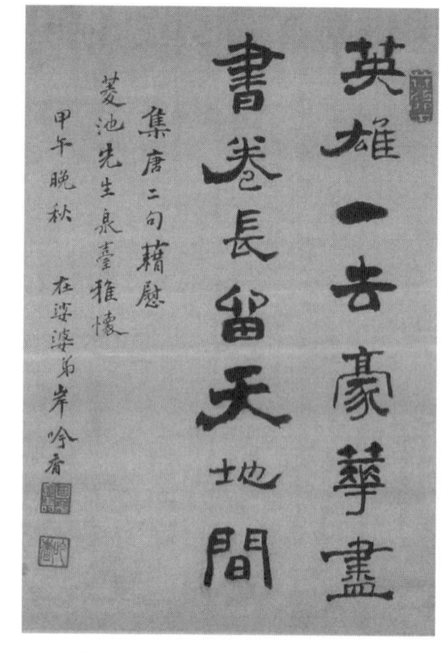

岸田吟香的書法手跡

而且，樂善堂的出版物中，還有大量的外國歷史地理書籍和地圖，其中包括當時風靡一時的丁題良（Martin，William Alexander Parsons）的

《萬國公法》、《公法會通》、《富國策》，及合信（Hobson，Benjamin）的《全體新論》、《西醫略論》、《內科新說》、《婦嬰新說》、《博物新編》等。為了讓更多的平民能買到魏源的《海國圖志》，樂善堂還將《海國圖志》拆開，分成《籌海篇》、《英吉利國志》、《俄羅斯國志》、《歐北五國志》等小小的單行本，每本僅售幾角錢，而全本《海國圖志》定價12元。

岸田還積極介入中國的文化界，與相當多的文人們過從甚密，是《申報》樂於報導的上海灘「明星」。《申報》（1888年3月23日）曾說：「東瀛岸吟香先生風雅士也。茲以寓樓對面玉蘭大放瑤芷，娟娟相對，不禁詩興勃發……招致海內名流，開筵小飲，擬設詩社，日凡兩舉，滬江為文人才士所萃，能詩者輩出，惟創設詩社者，未之聞也。吟香先生風雅好事，實能開其先聲矣!」就這樣，他成立了一個「玉蘭吟社」，吸納了不少滬上文化名流，《申報》公開報導過的就有著名的思想家王韜（天南遯叟），以及前後擔任過《申報》主筆的何桂笙（高昌寒食主）、黃式權（夢畹生秋山）、蔡爾康（縷馨仙史、錢昕伯（霧裏看花客）等。

樂善堂還經常向平民免費發放藥品等，為岸田贏得了大善人的稱號。

在中國牢牢紮根後，岸田便不再滿足於只做一名成功的企業家和上海灘聞人，一直深埋其心中的政治抱負便開始尋機嶄露。

## 愛賠錢的老闆

岸田的「報國」方式十分獨特：一方面，他為日本國內撰寫大量文章，介紹中國市場，鼓勵日本政府和企業，到中國與列強進行「商戰」、厚植國力；另一方面，他親自遊歷中國各地，進行調查研究，撰寫了大量報告，成為日本政界和軍方的重要情報來源；更為重要的是，他效仿中國古人孟嘗君的做法，收留了大量到中國前來尋找機會的日本浪人或學生，管吃管住還管出路。

當荒尾精奉命到中國建立諜報網時，首先拜見了岸田，並得到他的全力支持。岸田建議荒尾精以商人身分為掩護，到交通最為便利的漢口設立樂善堂分堂，經營藥品和書籍，所得貨款可以全部用於諜報工作。樂善堂的間諜如果有大行動，一般都是帶著其經銷的藥品和書籍出發，邊走邊賣，一是作為很好的掩護，二是從販賣中獲取利潤，減少諜報開支。他們的行動計畫，往往包括在目的地考察經商辦企業的可能，以便能紮根當地，這與古代的「屯墾」思路十分相似。

以商養諜、走諜報的可持續發展之路，幾乎是那時日諜的共識。樂善堂的間諜們收集各地情報，並不局限於軍事政治方面，也大量涉及到經濟情報，其所編輯的資料最後多達數千萬字，對日本在華的「商戰」也幫助很大。那些年輕的間諜，也有很強的商戰意識，如藤島武彥，就曾經回到日本，從家鄉鹿兒島籌集了資本，在大阪興辦了紙草製造所，以所得利潤貼補中國的間諜活動；而石川伍一在考察中國西南地區時，就提出應到西藏經營牧場，為諜報工作籌集經費。

以商養諜的思路，後來進一步發揚光大，樂善堂在甲午戰爭前乾脆在上海成立了間諜學校，命名為日清貿易研究所，全力培養「商戰」和「兵戰」的兩棲諜報人員，為日本贏得甲午戰爭立下了巨大功勳。荒尾精與岸田吟香對上海日清貿易研究所的間諜學員們，就期望他們「為實業家之模範、為掃除積弊之創業家、為興復亞洲之志士，為開創日本富強之俊傑」，將商戰與諜戰完全結合在一起。戰後，樂善堂及其日清貿易研究所的不少間諜都受到了日本官方的表彰，「愛國企業家」岸田吟香則獲得了「勳六等」和「瑞寶獎章」。

# 10 上山下鄉：比中國人更了解中國

「中國十八行省中，富於戰鬥力、挐實勇敢，真可用者，以湖南為第一；其次為河南；再次為福建、廣東。現湖南恰如立於治外之域，政府之命令往往不能實行，政府亦不能相強，儼然形成一國。」

這一「高見」，是樂善堂間諜宗方小太郎在《經略長江水域要旨》一文中呈送給日本最高當局的。宗方認為「今後主宰愛新覺羅的命運的，必為湖南人」。

宗方提醒日本當局，要「及時經營湖南，收攬其豪傑，懷柔其民心，他年中原鼎沸之時，能為我所用者蓋不鮮也。若不幸而不能為我所用，亦必不至與我為仇。在我之伸展地圖上，便益實多。」他更進一步比較道：「彼英國自數年前即促進開闢湖南湘潭為商埠，並汲汲於經營重慶，豈無故乎？」

湘軍集團在「同治中興」中的巨大作用，以及湖南對於西方勢力影響的成功抵制，令日本人對這個相當神秘的省份充滿了好奇。

漢口樂善堂於1886年成立之初，就將目光投向湖南，在長沙設立了第一個「支部」。

那時，漢口樂善堂剛剛在英租界河街的一幢中西合壁的兩層臨街樓房內掛牌營業，應荒尾精的邀請，各地浪人紛紛前來。按照日本黑龍會所編撰的《東亞先覺志士列傳》，此地成為日本在華「志士們」的「梁山泊」。他們蓄辮髮，著華裝，將自己打扮成中國人，以商人的名義為掩護，到處活動。而真正的店員，只有7～8名日本人和

5～6名中國人。

日本人做事是嚴謹的，儘管並沒有從官方獲得任何身分及贊助，他們還是為自己設計了一個相當嚴密的組織結構，並時時處處以「我黨」這樣充滿政治含義的字眼自詡，而並非「我公司」或「我堂」，在他們集體擬定的一份名為《一般心得》的「黨章堂規」中，提出第一階段任務就是「改造中國」。荒尾精在一封發給下屬的指示中，將樂善堂「強烈之事業」上升到「小之有關日本，大之有關世界」的高度，自我期許非常高，並特別要求「同志們」「自覺其責任之重大，百折不撓，小心膽大，巧裝俗態，以避內外人之疑。」

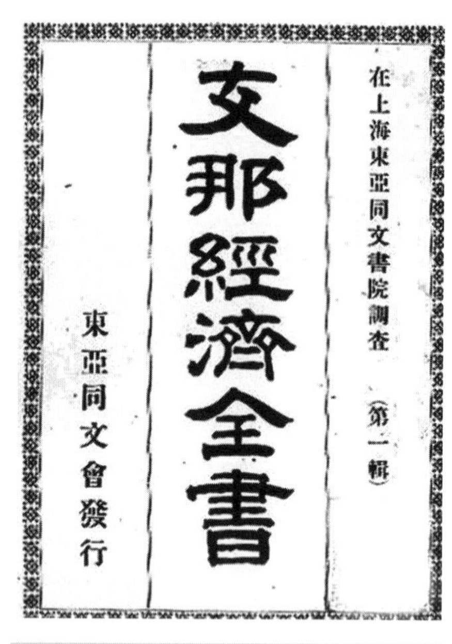


根據諜報整理的《支那經濟全書》，長期成為日本了解中國的工具書。

在他們的「黨章堂規」中，開宗明義地說：「我黨目的既極重大，故任務最重，豈輕進緩慢所能致耶？一舉一動，有關興廢之處不少，故宜深謀遠慮，珍重蹤跡行動，必須萬無一失，乘機敏斷，以達目的。」

「黨章堂規」要求「同志們」在平時與外人交往時，態度務須穩重，「不可流露少壯書生的狂態，尤其與支那人相遇之時，尤應謹慎，既係化裝商人，故談述事項，全需集中商情方面，以免被人察出真正面目」。

樂善堂建立了相當嚴密的機構。荒尾精自任堂長，所有人員分成了「內員」與「外員」兩種。內員設立了三個部門：「理事股」負責

商業經營和會計等；「外員股」執掌整理調查報告、審查在外幹部情況，摘錄國內外大勢消息等；「編纂股」則負責彙集各地的調查報告以及東西洋的新聞，擇要編撰成冊作為日後的參考資料。

一線的間諜們都安排在了「外員」部門，調查項目被細分為土地、被服、陣營、運輸、糧食薪炭、兵制、兵工廠等，此外對於山川土地的形狀，人口的疏密，風俗的善惡貧富，都要求從軍事和經濟的角度進行實地調查。

## 誰是日本人的統戰對象？

究竟什麼樣的中國人在日本人眼中是優秀的？甲午戰爭前夕，日本設在中國的最重要間諜機構——漢口樂善堂，對此進行了相當細緻的闡述。

根據日本《東亞先覺志士記傳》的記載，樂善堂將6類中國人定為偵察和統戰重點：君子；豪傑；豪族；長者；俠客；富者。

在「君子」一項中，分為六等：

第一等：有志於救全地球者；

第二等：有志於振興東亞者；

第三等：有志於改良國政以救本國（指中國）者；

第四等：有志於鼓勵子弟而欲明道與後世者；

第五等：有志於立朝治國者；

第六等：潔身以待時機者。

「豪傑」分為八種：

一、企圖顛覆政府者；

二、企圖起兵割據一方者；

三、對於歐美在國內的跋扈，深抱不滿，而欲逐之國外者；

四、企圖仿效西洋利器者；

五、有志於振興工業者；

六、有志於振興軍備者；

七、商業鉅子；

八、提倡振興農業者。

他們還專門指出，凡有下列缺點者，則不能列入「豪傑」：凡品行不足為人儀表；智不足以分嫌疑；信不足以使人守約；廉不足以分財；見危而圖苟免；見利而圖苟得者。

19歲的滕島武彥在漢江之上被水匪搶劫時，還能想法收服水匪，並不惜耽誤新疆考察大計，而前往營救被官府捕獲的水匪頭目，就是為了「團結」豪傑們。

荒尾精曾經明確地要求：「探究朝野人物及馬賊、白蓮教等的蹤跡和實情，善收其人心，以及他日能為我所用之方法。」

「豪族」則指名家或富室之後，日本人認為他們在一鄉一鎮之間，都有相當名望，如得一人，猶如獲得一鄉一鎮之人。他們在給間諜的指示中，要求「細查豪族的系統，同時訪求他日足為我之妨害的朝野人物，以及除去彼等的方法。」

「長者」則指家富而好濟貧，在鄉間排解紛爭的人物。此類人鄉望素孚，如得一人，猶如獲得一鄉一鎮之人。

「俠客」是那般奮不顧身、喜打不平，救人於危者，此類人平日頗得血氣方剛的青年子弟崇拜，「有事之際，如得其振臂一呼，得益不少」。

樂善堂的日本間諜們，就根據上述標準，「發現人才」後一面詳細打探，製作檔案；另一方面設法與其接近結交。從這一中國人才的標準，我們可以看到日本人的殫精竭慮，其間諜們「面向基層」、「面向實踐」的工作十分紮實。他們因此而與中國下層的秘密社團建立了廣泛的聯絡，哥老會、九龍會、白蓮教以及「馬賊」們，都成為

他們工作的對象，在日後的侵略中，日本人能相當有效地將「驅除韃虜、恢復中華」作為號召，並在中國的共和革命中贏得革命黨普遍的倚重和尊敬，都與其當年紮實的調查研究工作難以分割。

## 間諜大抓「支部建設」

樂善堂將外員們分立為不同的「支部」，這個辭彙後來成為中國最為頻繁使用的詞。除最早的湖南支部外，還建立了四川、北京、天津和上海支部。除上海主要負責為其他支部供應商品外，各地支部表面上均是一個雜貨鋪子，為諜報工作做掩護，間諜們就以送貨為名，可以堂而皇之地行走各地。

北京支部被荒尾精稱為「我黨演戲之首要地方」，派了最能幹的宗方小太郎坐鎮，重點是清廷中央的政治動向，宗方同時負責天津支部，開展針對李鴻章和北洋艦隊的諜報工作。京、津兩支部還負責山東、山西、東北各省及蒙古的情報收集。

四川支部的建立，則是為了對抗俄國。

1888年春，俄國將要修建西伯利亞大鐵路的消息傳來，令日本人十分焦慮：這條鐵路一旦建成，俄國將得以迅速地向中國的西北和東北用兵，本就已成「空心大樹」的中國將很容易被北極熊拱翻，日本的一切計畫就將落空。而在日本的擴張大計中，俄國始終是戰略上的第一假想敵，而中國無非是階段性的敵人，是為了對抗俄國而必須提前處置的手段而已。

根據堂規，這時正是樂善堂召開「外員」年會的時節。老牌諜報機構玄洋社伸出援手，其首領平岡浩太郎和中野二郎商定，派出山崎羔三郎、奈良崎八郎、平岡常次郎、豐村文平等一批青年間諜，支援漢口樂善堂。

樂善堂這一次年會，有20多人參與。會上形成的幾項決議，對中日形勢產生了重大的影響：

——會議明確提出，「吾輩同志之目的是，為了全人類首先必須改造中國」，而「中國清政府已經腐敗，敵視我們，不理解協同防禦之大義。故我同志要協助漢民族之革命運動。使之成功，最遲於10年內改造中國，以期實現中日提攜。」在甲午戰爭中，號召漢人起來發動「驅除韃虜」的革命，成為日軍重要的政戰口號；

——「為防止俄國東侵，派遣同志去新疆和西藏，促使伊犂總督劉錦棠決起抗俄」。為此，他們確定由「學養有素、識見卓越」的浦敬一前往新疆，由年僅19歲的藤島武彥配合。但第一次新疆行，因藤島在漢江上與水匪的一段恩怨交往而耽誤時間，未能成功；第二次兩人雖然成功走到蘭州，但因盤纏幾乎用盡，只好將藤島先遣回漢口，浦敬一則從此失蹤；

——會議決定除湖南支部外，在四川重慶府設立四川支部，負責雲貴川以及藏區的情報收集。之所以選中重慶，完全在於其在長江流域的重要樞紐地位，以及彪悍的民風，是日本人將來理想的「舉事之地」。四川支部的石川伍一等人，深入雲貴滇藏，考察十分詳盡，甚至繪製了精密的地圖，成為日本軍方的重要資料。這些間諜人員甚至提出，效仿三國故事，割據四川，分割中國；

——在加強對北京宮廷的情報偵察，監視清廷中央動向之外，實地調查關外形勢，派遣宗方小太郎到東北偵察，重點是金州、旅順等北洋艦隊的基地；

——在上海設立間諜學校，為「東亞經綸」準備商戰與諜戰的兩棲人才，這就是日後建立日清貿易研究所及東亞書院等機構的肇始。

## 上山下鄉

一個名為「四百餘州探險」的上山下鄉運動，在樂善堂各支部迅速開展。樂善堂的「外員」們紛紛進入兩湖、四川，直指陝、甘、雲、貴，以至新疆、西藏，舉凡地形氣候、風土人情、產業交通、關卡兵營、軍事要塞等，均在他們的偵察範圍。

樂善堂的日本間諜關於中國的各種各樣的情報匯總到了漢口。圖為19世紀後期漢江邊的碼頭。

這些年輕的日本間諜們，不畏艱苦，先是肩挑背扛，扮成貨郎，四處販賣貨物。貨賣光後，就假扮郎中、風水先生甚至乞丐四處周遊。遇到關卡盤查，漢語說不標準，就謊稱自己是福建人或廣東人矇騙過關。各地間諜幾乎都遭遇了各種各樣的險情，這成為甲午戰爭中諜報工作的一場「實兵預演」，這些年輕人也因為紮實的調查研究，而成為成為深知中國國情的專家。

各種各樣的情報都彙總到漢口，1889 年4月，荒尾精將樂善堂創立三年來獲得的大量情報資料，分門別類，進行整理，提煉成了數萬字的《覆命書》，提交給日本陸軍參謀本部。

在這份諜報總結中，荒尾精明確提出，中國已經全面腐敗，日本必須先發制人，才能利用中國對抗西方。他提出了應以商戰養諜戰，以商戰擴充軍備，在上海建立日清貿易商會，在漢口、鎮江、天津、廣東等地建立支部，邊經商邊收集情報，這是「對清國第一要著，今日萬急之務也。」這一建議，在日本朝野得到巨大的共鳴。

在這份提綱式的報告基礎上，後來主持樂善堂的根津一，將所有情報進行了更為詳盡的整理和編纂，形成了一套《清國通商總覽》的煌煌巨著，全書分二編三冊，2000多頁，內容全面涉及中國社會、政治、經濟、金融、商貿、產業、教育、交通運輸、地理、氣候、風俗習慣等各方面，儼然一部中國大百科全書，出版後受到日本各界熱捧，成為日本侵華的指南。

《清國通商總覽》也震撼了日本商界，大阪一位名叫岡崎榮次郎的富商，在感動之餘欣然解囊，同意為剛在上海成立的間諜學校「日清貿易研究所」，贊助設立一個實習基地，對內叫「日清商品陳列所」，對外則叫瀛華廣懋館，令年輕的間諜學子們有一個實踐商戰的平臺。這個實習基地經營得法，生意興隆，很大程度上緩解了日清貿易研究所的經費困難。

上山下鄉、到最艱苦的地方去，樂善堂的年輕間諜們在中國行萬里路，「寫」萬卷書，紮實地進行著調查研究，並比大清朝野更深刻地認識著這個國家的一切。這些，似乎也註定了隨後到來的甲午戰爭、及其之後中日兩國的命運……

# 11 帝國的青春躁動

## 間諜學校鬧學潮

1890年年底至1891年2月，上海一場罕見的學潮震動了日本。作為日本設立中國的第一家間諜培訓機構上海日清貿易研究所，因經費出現危機及對課程設置不滿，部分學生認為自己被騙來上海，衝突迅速演變成械鬥，成為世界諜報史上罕見的間諜學潮。

日清貿易研究所的第一次開學典禮是在1890年9月20日，此前一周，150名學生和50名教職員工才從橫濱航海而來。結果不到3個月，就發生了如此激烈的內訌。

正在日本苦苦籌措經費的荒尾精趕緊趕回上海，軟硬兼施，將30多名「鬧事者」勸退，這些人雖然離開了學校，卻繼續待在上海，還在報刊上公開抨擊學校。這所日本間諜學校的「家務糾紛」成了社會關注的焦點，弄得荒尾精和日本當局十分尷尬。

問題的根源還是在於一個字：錢。

在經營漢口樂善堂的過程中，荒尾精就強烈地認識到必須在中國建立一所專門培養商戰和諜戰人才的學校。1889年他回國述職，不僅在提交給日本參謀本部的《覆命書》中大聲呼籲，而且到處拜見日本高官，尋求支持。

荒尾精曾為日本算了一本帳：為了擴充軍備，估計要花費10年時間和3000萬元經費，日本當前的財政能力無法支撐這麼沉重的開支，所以，唯一的出路就是開源，積極向外進行商戰，與西方列強爭

參謀次長川上操六

奪中國市場，爭取打敗英國的東印度公司，讓日本國旗飄揚在亞洲每個通商口岸，才能賺出這筆錢來。

而要進行這麼龐大的計畫，什麼最寶貴？人才！因此，荒尾精將第一步著力點放在創辦日清貿易研究所。但日本實在太窮了，又在不斷增加軍費開始，財政無法負擔荒尾精的辦學計畫。原先，農商部同意將北海道的林場出售，提供10萬元給荒尾精辦學，但農商部換了大臣，這一方案也就打了水漂。荒尾精只好到處化緣，在參謀次長川上操六的幫助下，總理山縣有朋同意從內閣秘密經費中撥給他4萬元，川上操六還把自己的房子抵押給銀行，貸款幾千元，借給了荒尾精。

經費不足，荒尾精不得不把原計畫的300人招生規模削減了一半，學制也定為三年，課程包括漢語、英語、中日問題等，畢業後在中國實習一年。經過他在日本全國巡迴演說動員，多方物色，通過考試召到了150名學員。日本官方對此表示高度的重視，川上操六親自為學員們訓話，而參謀總長有棲川宮親王也接見了全體學員，這在日本教育史上也是破天荒的。

師生們集體來到上海後，住進了十分簡陋的校舍，地點就在英租界的大馬路泥城橋畔。150名學生被分成3個班，有宗方小太郎及兩名日本現役軍人小山秋作、西村梅分別擔任班主任（「幹事」）。

為了經費問題，荒尾精隨即返回日本奔走。而就在這時，政府原

定劃給學校的1萬元費用，因議會內政治鬥爭激烈而被取消，這令師生們人心惶惶，終於鬧成了學潮。

## 刀尖上的「少年日本」

經多方努力平息了學潮後，校方便開始在間諜技能之外，重視培養學生的「思想品德」。一首貫徹該校「興亞」思想的校歌便應運而生：

日本少年向中國遠航
一百五十人弦誦一堂
若問吾輩何所思
將見東亞萬里無雲乾坤朗……

1893年6月，日清貿易研究所第一屆89名學生畢業。當時正在中國進行考察軍事的參謀次長川上操六，親自趕到上海參加了首屆畢業典禮。

這些高歌著「東亞萬里無雲乾坤朗」的「日本少年」間諜們，在隨後爆發的甲午戰爭中，為他們心目中的理想出生入死。當時支持學校教務的根津一，向學員們發出呼籲：「日清之戰迫在眉睫，此戰係以自詡富強之清帝國為敵手，不容樂觀。所幸諸君通曉華語，有多少熟悉中國事，所以希望諸君暗察敵軍軍情及其它內情，為皇國效力。」當時有十多個學員已經蓄起了髮辮，很容易裝扮成中國人，其他未留髮辮的人，則乾脆剃光扮作和尚，四處刺探軍情，上海地方政府也注意到這些日本人的反常行動，而向上司發出了第一次諜報警報。

戰爭爆發後，日清貿易研究所只好停辦，學員們也隨同日僑大規模撤離。荒尾精等看到這正是「報國」的好機會，主動向軍方提出，希望徵召學員們入伍。日軍從樂善堂和日清貿易研究所人員中，徵召了91人，在廣島大本營進行了簡單的集訓，分配到各軍中。除了十餘人繼續改裝偵察後，大多數人都做了隨軍翻譯，同時協助日軍進行政戰，這些年輕人成了日本軍隊的耳目和嚮導。

在被中國破獲的多個間諜案中，被處決的間諜們多在青春韶華：

藤崎秀，22歲；

鐘崎三郎，25歲；

藤島武彥，25歲；

福原林平，26歲；

高見武夫，27歲；

石川伍一，28歲；

楠內有次郎，29歲；

山崎羔三郎，30歲……

在上海間諜門事件中，中國政府處決了從美國領事館引渡的楠內有次郎和福原林平，引發中美之間巨大外交風波，甚至差點導致美國國會彈劾「對華軟弱」的總統。而涉案日本間諜的年齡，也成為美國輿論大肆攻擊中國野蠻殘忍的理由之一，美國的報章在提到兩人時，幾乎絕口不用「間諜」一詞，而多代之以「日本青年」、「日本學生」等字眼。

僥倖逃脫的其他日本間諜，如向野堅一也僅26歲、宗方小太郎30歲，而在華間諜網的領導者荒尾精年僅35歲，只有幕後的資助者岸田吟香61歲，屬於「老人」。

這樣一支年輕的間諜團隊，在為日本軍隊提供重要的諜報保障的同時，也向中國乃至世界展示了明治維新後的日本咄咄逼人的崛起。這些青年間諜在中國所展現出來的堅忍、頑強、忠貞乃至視死如歸的

精神，即令他們是我們不共戴天的仇敵，也足以令我們肅然起敬並自省。正如藤島武彥留在中國官方文件中的結語：「我說間諜也是敵國忠臣，這有何妨。」

而弔詭的是，這些為日本侵華做馬前驅的青年人，幾乎無一例外地都是興亞主義者，他們並不認為這是對中國的侵略，而將自己的行為看作是振興亞洲、解放中國的崇高事業。正如其中的著名思想家宗方小太郎所總結的，黃種人要對抗白種人的欺凌，唯有改革與自強，而前提必須是革除中國的弊政；先征服中國，是日本團結和領導中國一起崛起的必要條件。所以，僥倖躲過了戰爭時期清廷搜捕的日本間諜，日後都大力鼓吹中日友好，都在中國建立了相當廣泛的人脈，甚至被中國的革命者看作是「驅除韃虜、恢復中華」的「同志加兄弟」。

其實，甲午戰爭中的日本間諜，正代表了這個國家的青春躁動，帶著相當濃厚的理想主義色彩。梁啟超在日本所起草的《少年中國說》，那些朗朗上口的激昂語彙，「紅日初升，其道大光；河出伏流，一瀉汪洋；潛龍騰淵，鱗爪飛揚；乳虎嘯谷，百獸震惶……」，不僅是對心目中「少年中國」的期盼，更是對當時青春日本的描摹和欽羨。正是這種洋溢著的青春氣息，令日本成為甲午戰爭後的中國學習的主要對象。瀰漫大江南北的是親日情緒、而非仇日情緒。

# 12「請在神社給我留個位」

1896年7月2日，甲午戰爭的炮聲早已停歇。

一位西服革履的日本人速水一孔走進了杭州的仁和縣衙門，操著流利的中文，要與知縣伍桂生商量一件大事：領回兩年前被斬首處決的日本間諜藤島武彥、高見武夫的遺骸。

這兩名化裝為和尚的間諜，在杭州被處決後，由仁和縣用棺入殮，封交地保淺土浮埋。甲午年年底，杭州同善堂又將他們移葬義塚，專門做了編號標記。伍桂生會同速水一孔，在善堂司事等的陪同下，親自辦理了兩具棺木的移交手續。

隨後，在中國官方的幫助下，日本人將這兩具棺木輾轉送回了他們的家鄉，舉行了隆重的葬禮。

在甲午戰爭中被處決的日本間諜，陸續開始了魂歸故里的旅程。只有在金州被處決的「三崎」，因遼東半島根據《馬關條約》被割讓給日本，日本人將此當做了新領土，而就地安葬並樹碑立傳。日本人在收集「烈士」遺骸方面，表現出來相當的耐心細緻，並為了這些不斷行文中國外交部（「總理衙門」），要求地方政府給予配合。

日本軍方也正在認真核對陣亡將士的姓名，務求為他們每個人都在靖國神社等地方擁有一個靈位。「烈士」的事蹟被有計畫地整理出來，一些「烈士」甚至被神化：比如在南京被處決的間諜楠內有次郎和福原林平，日本史料堂皇地記載道，他們被斬首後，那個劊子手就冤魂附體，不病而亡；而他們的冤魂還在刑場附近遊蕩，嚇壞了當地百姓，眾人只好將他們的屍骨重新挖出來，盛裝入殮隆重下葬，才消

停下來，但那一帶很久都無人再敢居住。

日本各地則紛紛為自己家鄉的「英雄」、尤其是「烈士」樹碑紀念，全國上下在勝利的狂歡中，又將表彰「英雄」演變成一場民眾自發的「愛國主義」教育。《日清戰爭實記》中就記載了大量此類故事，其中有一個小村莊，有九人參戰，都立功而歸。村民們便立了塊用漢字文言寫就的凱旋碑，在大略回顧了日清戰爭（甲午戰爭）過程後，說道：「若是役者曠古所未有，是固雖聖天子文武聖德，應天順人之所致，元勳畫策適機宜之效。抑亦謂之非從軍諸子克履果毅，若貔若虎視死如歸，忘家報國之功可乎哉？是役我村中從軍者九人，皆力戰立功，相繼罷歸。於是，同志胥謀，椎牛灑酒，以慰其勞，且將刻其事於碑，以告後昆。若夫諸子雄心奇蹟，則載在史乘，人皆知之，余復何贅焉？」

與之形成鮮明對照的是，甲午戰爭開戰時被日本艦隊捕獲的北洋通訊船「操江號」，其被俘官兵也被日本釋放回國，《申報》等卻發表評論，嚴厲質問這些在日本受盡折磨的同胞，為什麼不自殺成仁

浮士繪：甲午戰爭結束後，靖國神社大祭場景。

呢?! 至於在甲午戰爭中犧牲的數十萬將士，除了少數一些將領，如鄧世昌、左寶貴等之外，根本已無人記得，遑論官方公祭和樹碑立傳了。

日本人的報刊書籍，開始連篇累牘地刊登將士們的「英勇事蹟」，甚至不惜版面刊登陣亡將士的名單。而大清國的報刊，則在此前編造了大量「王師大捷」的假消息後，如今則亢奮地開始總結教訓，批判一切，唯獨沒有將矛頭指向媒體自身。

同樣為國捐軀，大清子民們似乎死得輕於鴻毛。

史料並沒有留下多少大清官兵們為保家衛國的慷慨言行，卻留下了日本人的很多豪言壯語。在那些風華正茂而被捕被殺的日本間諜們遺物中，也發現了大量的「烈士」絕筆書信和詩抄。

那兩位在美國引發了政爭狂潮的日本間諜楠內有次郎和福原林平，在接受任務的時候，都給日本的家人寫了家書。楠內有次郎給他哥哥寫道：「今日之事，乃國家安危之關鍵，皇運隆盛之所繫。苟帝國臣民臨事而偷安，異日之事不可問矣。弟幸以聊通敵情之故，暫時隱身於該邦，以謀國家進取之道。然輕舉妄動有誤忠孝大義之虞，為慎重起見，一時音問或缺，務望諒之。」而福原林平則給他父親寫道：「進入清國內地，參加大日本征服清國之旅，有神佛保佑，必可平安無事。」而一旦不幸，則將化為「不死之威靈守護國家千載。」

那位在被處決時，執意要面向日本所在的東方而死的鐘崎三郎，在寫給友人的信中說：「小弟思之再三，此正以身報國之時，決心留下，直至日本軍隊來攻。無論遭遇何等危險，都要在敵國潛伏，以探聽敵情。若能逢凶化吉，當有魚雁報聞。倘無音信之時，亦即再無會期之日也。」

與鐘崎同時赴死的山崎羔三郎，則早在1888年考察雲貴時，就在寫給其兄的信表達了必死的信念：「弟所從事的事業至艱至難，係

圖亙古未有之大事，故須承受千辛萬苦。然開其端緒極難，進退稍有不慎，必將付諸東流。誠為此焦心至極，靜時千思萬慮，弟心中已決……此番南行，雲煙萬里，涉湖南之水，越貴州之山，過雲南之野，穿廣西之森林，行福建之荒郊，入虎狼豺豹之窟，遊猺獞苗蠻之巢，彷徨於瘴癘毒霧之間，決心務必達到目的。雖前途渺茫，難保無虞，若得神明加護，上天保佑，來年中將重返上海。」

日本的文獻中，收集了大量的類似書信。其中，有一封後方的父親寫給前線兒子的信，純用漢字寫成，在分析了國際國內大勢後，開導兒子說：「死生有命，忠孝難兩全」，此戰「實開國未曾有大事，國家危急存亡之所隸，而吾人之榮辱休戚亦繫焉......雖連戰連勝......絕不可安棲。」他說：「苟為軍人者，宜慷慨赴難，鞠躬盡瘁」，命都能捨，「何惶區區憶親思家乎？」他甚至連兒子的功名心都要敲打敲打：「汝切莫介懷，一意專心，銜龍尾，攀鳳翼，以建功勳」，男子漢大丈夫，志向應當是「家國民人，而不在功名富貴」！最後，這位父親教誨兒子要團結戰友：「夫一隊猶一里，一伍猶一家，困厄相恤，疾病相護，旅進旅退，每戰必捷，以副輿望。」即使這是我們敵人的書信，誦讀至此，也不禁肅然。

那些活躍在中國的間諜，雖然年輕，漢語口語不好，經常要假冒是福建人或廣東人，但大多有著相當不錯的漢語寫作修養，甚至喜歡、而且也擅長寫漢詩。

那位與中國農家結下很深交情的向野堅一，就能和老先生筆談四書五經。他在祭奠「三崎」時，寫了一首《弔三崎山》：

欲得虎兒探虎穴，千辛萬苦復何避。
秋風今日掃君墓，落淚荒山欲夕時。

作為甲午間諜第一案的石川伍一，他有一首《偶感》，相當飄逸：

窮達有時富貴天，暫尋禪機清風眠。
忽看花落無人管，如水流光又一年。

當然，他們的大多數詩篇都是押韻的決心書而已。至於像岸田吟香、宗方小太郎這樣的學者型人物，更能寫一手相當雅馴的漢詩。宗方在北京時寫下一首《寄燕京諸君》：

落花時節辭歇浦，放浪今尚滯天涯。
十年落拓君休笑，胸裏常蓄一片奇。
草鞋曾凌岱嶺頂，匹馬遙飲鴨水湄。
此行不知何所得，懷抱只有哲人知。
君不見東洋今日太多事，邦家前途累如卵。
先則制人後被制，畢竟此言不我欺。
誰取禹域獻君王，誰掃邊塵綏四陲？

毫無疑問，當時的日本人，充滿了濃烈的英雄主義色彩和危機意識，而這正是推動著日本間諜們不畏艱險的原動力。

在有關間諜的日本史料中，談到每個間諜被處決時，幾乎都是慷慨豪邁的。我們無法確定這是否真實，而從中國的有關檔案文件看，他們中的不少人的確是熬過了殘酷的刑求，並且在處決時表現相當平靜甚至視死如歸。每當我看到這些材料時，常常掩卷長歎，悵然若失：這樣的「英雄」，為什麼不是「我們的」，而是「他們的」呢？甚至似乎只是「他們的」？

「我們的」英雄其實也不缺，只是我們過快地把他們忘記了。不要說當年犧牲的普通士兵，即使在第二次中日戰爭（抗日戰爭）中陣亡的國軍將領就有數百人，我們又能說出他們中幾個大名呢？我們又能在哪裏去為他們獻上一束花、燃起一柱香、磕下一個頭呢？當我們憤怒地指責日本政要參拜靖國神社的時候，有沒有想過：我們自己的英烈，還存在我們心中的哪個角落呢？神州萬里，我們自己的靖國神社又在哪裏呢？

沒有一個神位留給我們的英雄，我們的英雄還會出現嗎？

# 13「大清全民都腐敗」

1889年4月，荒尾精向日本參謀本部遞交了樂善堂間諜們的第一份重要成果：有關中國大勢的分析報告《覆命書》。

這份報告認為，清國的「上下腐敗已達極點，綱紀鬆弛，官吏逞私，祖宗基業殆盡傾頹。」而中日兩國「唇齒相保、輔車相依」，在列強虎視眈眈下，清國一旦不保，日本勢將進退維艱。因此，「清國之憂即日本之憂也」，日本要先發制人。

此後由駐華間諜們提供的一連串大勢報告中，最鮮明的就是強調中國的全民腐敗，而不只是官場腐敗，然後強調日本必須先改造中國，才能團結中國對抗西方。

在這方面，分析得最為深刻，是宗方小太郎。甲午戰爭爆發後，宗方小太郎對其上一年草就的分析報告《中國大勢之傾向》進行了全面的修改。

他首先分析中國的年財政收入僅有9074萬兩銀子外加523萬石米（作者注： 清廷在1893和1894年兩年的財政收入均在8300萬兩左右），以中國之大，這是很不般配的。據他實際調查，民間的實際稅賦是此表面歲入額之四倍，而且此類「定額以外之收入，一錢不入國庫，均為地方官吏所私有。」他認為，中國歷來賄賂之風盛行，地方官肆意刮削民眾膏血，逞其私欲。因此雍正帝時始設養廉銀，隨官位之尊卑於俸給之外另行支給，擬以此杜絕其收斂之弊。但滔滔之勢，非區區制法所能禁遏。時至今日，「『養廉』二字實已辜負雍正之深意，官吏舞弊之勢日見加劇。」

當時東西方均有不少人看好中國即將崛起，堅信以中國之豐富物產，如能積極變革，則「成為世界最大強國，雄視東西洋，風靡四鄰，當非至難之也。」但宗方小太郎對此不以為然，認為這是「見其形而下未見其形而上者」，觀察一個國家也和觀察人一樣，應當先「洞察其心腹」，然後再「及其形體」。他眼中的中國雖然表面上在不斷改革和進步，但「猶如老屋廢廈加以粉飾」，經不起大風地震之災。當時中國最著名的改革者和國務活動家李鴻章就自嘲為「大清朝這座破屋的裱糊匠」，可算是兩人有共同語言。

宗方小太郎眼中的中國「猶如老屋廢廈加以粉飾」，與李鴻章自嘲為「大清朝這座破屋的裱糊匠」，如出一轍。

究其原因，宗方小太郎認為腐敗的基因遺傳自明末，全民喪失信仰，社會風氣江河日下，「人心腐敗已達極點」，雖然有過康乾年間的短暫改革，但並未堅持下去，政府將本應建立「至善」人心的精力消耗在了「形而下之事」上。

當時清廷之腐敗規模幾乎是全局性的。朝綱解鈕時的宣統三年（1911年），作為「中央機關事務局」的內務府，其一年支銀預算高達1024萬兩，而在咸豐朝僅為40萬兩，足足增加了24倍（宣統三年八月十一日度支部會奏）。至於冒領公款、揮霍浪費甚至侵吞賑災款糧等更是層出不窮。兩廣總督岑春煊巡視陸軍學堂，光一次宴會就

浮士繪：當時清廷之腐敗規模幾乎是全局性的，連軍隊都大量參與走私販私，號稱世界八強的北洋海軍，其內裡的腐敗也是造成甲午一戰全軍覆沒的主要原因。圖為當年日軍的宣傳畫：抓獲攜款潛逃的清軍軍官。

「動需洋酒千數百金」，為此還專門在衙門中設立「洋酒委員」一職（光緒三十三年六月十五日法部主事梁廣照奏）。甚至連軍隊都大量參與走私販私，號稱世界八強的北洋海軍，其內裏的腐敗也是造成甲午一戰全軍覆沒的主要原因。大量晚清小說均有對此的細緻描寫。

宗方小太郎歎息，中國本來是有信仰體系和精神支柱的，那就是孔孟之道，但這一建國的基礎卻變成了科舉的材料、當官的階梯而已，知識分子汲汲營營地鑽研此道，無非是以此為個人私利服務。當了官掌了權之後，就把孔孟之道拋在腦後，「得其位不行其道，而謀營私者也。」從中央到地方，庸官俗吏獻媚當道，清廉高潔之士多不容於時流，官場一片漆黑，「朝野滔滔，相習成風」。官場腐敗更導致上下隔閡，中央政府即使要施行仁政，也因為地方官吏的「壅塞」而導致「美意不能貫徹至民間」，好經都被歪嘴和尚念壞了，而少數有理想有抱負的人，只好在「憤懣不平」之「退居閒地」，名望日高，隱然形成一股力量。所以，他認為中國是「有治國之法而無治理之人」。

在「普天之下莫非貪官」的晚清，以至於損害國家利權的一些架構，倒在客觀上減少甚至基本杜絕了這一領域原先氾濫成災的貪

吊詭的是，大清皇室宗親慶王奕劻賣力地為太后祝壽大搞形象工程時，洋員赫德（上圖）管理下的海關卻成為政府中最廉潔也最敢於對腐敗動真格的一個機構。

腐現象，如此結果，亦是中國近代史的弔詭之處。如，將海關稅務交洋員團隊（其最著名的領導人是赫德）管理，無疑是主權旁落，但洋員管理下的海關卻成為政府中最廉潔也最敢於對腐敗動真格的一個機構。美國傳教士丁韙良（W. Martin）認為，洋員管海關本是「叛亂（指揮太平天國運動）的私生子」，乃權宜之計，但正是廉政延長了這一怪胎的生命。他記述了在英國人李泰國（Horatio Nelson Lay）擔任首任總稅務司的幾年內，上海道臺多次設下陷阱想拉其下水，比如當兩條商船一起到達口岸時，上海道臺就建議李泰國，雙方一人一條船私吞其關稅，但始終不能得手。丁韙良說，海關洋員們的廉潔因此成為中國道臺的眼中之沙，從而對這一稅收體制懷有深深的敵意。

宗方小太郎深刻地指出，國家是人民的集合體，人民是國家組織的一「分子」，「分子」一旦腐敗，國家豈能獨強？中國的「分子」們集體腐敗，國家的元氣就喪失消亡，這比政策的失誤還要可怕，政策的失誤尚且可以扭轉過來，而國家元氣的腐敗就「不易返回中道」了。這位日本間諜引用孟子的話為中國下了斷語：「上下交征利，而國危矣」，尤其是官場腐敗導致司法不公，甚至使刑罰乃至性命都可以被金錢所左右，普通百姓申訴無路，民怨積壓給國家帶來巨大危險。

宗方小太郎估計，以當時的形勢來看，早則十年，遲則三十年，中國「必將支離破碎呈現一大變化」。而就在他寫完這篇文章後僅十六年，武昌一場倉促而粗糙的革命就居然引起了連鎖反應，幾乎是瞬間將一個老大帝國毀滅。

形勢如此艱難，當政者理應「正綱紀、戒驕奢，排解地方政治之紊亂，消除民庶之怨藪，大施加仁惠，休養民力」，打造和諧社會，但宗方小太郎更吃驚地看到，政府卻因慣性和麻木，束手無措，「因循支絀」，根本不在乎民心向背，並大搞為太后祝壽等形象工程，「粉飾太平」。

這樣的分析，出自一個間諜之手，也可見日本的間諜實在並非只是戰術層面的，而是戰略層面的。

# 14 日軍「恢復中華」？

一個來自敵國的民營間諜機構，卻高調地將自己標榜為中國的解放者：「吾輩同志之目的是，為了全人類首先必須改造中國」，「中國清政府已經腐敗，敵視我們，不理解協同防禦之大義。故我同志要協助漢民族之革命運動。使之成功，最遲於10年內改造中國，以期實現中日提攜。」

漢口樂善堂的這一決議，在今人看來似乎相當匪夷所思。但在當時的環境下，所謂的「興亞主義」正是日本的主流，朝野都相信，進攻中國並非只是為了日本自身，而是為了拯救整個亞洲免遭歐洲的欺凌，為了黃種人能在與白種人的種族競爭中不至滅亡。

1872年日本設琉球藩，中國不承認。1879年日方在熊本鎮台兩個中隊援護下，接收首里城，強行廢藩置縣。

其實，日本人從來就不認為清朝代表中華，而更多地將其當做一個佔據了中華的「胡虜」，而自己以中華自居。

1871年，中日兩國在琉球事件後談判《中日修好條規》，日本代表團堅決不同意清政府在條約中自稱「中國」，談判甚至因此陷入停頓。日本方面認為：「中國係對己邦邊疆荒服而言」，要求只寫「大清國」。這樣的要求，被中國代表力拒：「我中華之稱中國，自上古迄今，由來已久，即與各國立約，亦僅只約首書寫大清國字樣，其條款內容皆稱中國，從無寫改國號之例」。

雙方陷入僵局。後經李鴻章親自出面，與日本欽差全權大臣伊達宗城約定：「漢文約內則書中國日本，和文約內則書大日本、大清」。這在表面看是雙方各讓一步，實際上是中國從慣例上讓步了。

甲午戰爭前後的日本文獻中，日本人將自己稱為「神州」、「中華」幾乎是一種常態，這成為他們戰時在東亞進行國家形象塑造的基調。樂善堂間諜宗方小太郎，為山縣有朋親率的日本第一軍起草了一份安民告示《開誠忠告十八省之豪傑》，文采飛揚，主題幾乎就是為了把中國人民從黑暗的滿清統治下解放出來的戰鬥檄文:

先哲有言曰：『有德受命，有功受賞。』又曰：『唯命不于常，善者則得之，不善者則先哲有言曰失之。』滿清氏元（原）塞外之一蠻族，既非受命之德，又無功於中國，乘朱明之衰運，暴力劫奪，偽定一時，機變百出，巧操天下。當時豪傑武力不敵，呑恨抱憤以至今日，蓋所謂人眾勝天者矣。今也天定勝人之時且至焉。

熟察滿清氏之近狀，入主暗弱，垂簾弄權，官吏鬻職，軍國瀆貨，治道衰頽，綱紀不振，其接外國也，不本公道而循私論，不憑信義而事詭騙，為內外遠邇所疾惡。曩者，朝鮮數無禮於我，我往懲之，清氏拒以朝鮮為我之屬邦，不容他邦干預。我國特以重鄰好而敬大國，是以不敢強爭焉，而質清氏，以其應代朝鮮納我之要求，則又左右其辭曰，朝鮮自一國，內治外交，吾不敢關[聞]。彼之推辭如此也。而彼又陰唆嗾朝鮮君臣，索所以苦我日本者施之。昨東學黨之事，滿清氏實陰煽之而陽名鎮撫，破天津之約，派兵朝鮮，以遂其陰

謀也。善鄰之道果安在耶？是白癡我也，是牛馬我也。是可忍也，孰不可忍也？是我國之所以〈舍〉樽俎而執旗鼓，與貴國相周旋也。

抑貴國自古稱禮儀國，聖主明王世之繼出，一尊信義，重禮讓。〈今〉蔑視他邦，而徒自尊大，其悖德背義莫甚〈矣〉。是以上天厭其德，下民倦其治，將卒離心，不肯致心，故出外之師，敗於牙山，殲於〈豐〉島，潰於平壤，溺於海洋。每戰敗衄，取笑萬國。是蓋滿清氏之命運已盡，而天下與棄之因也。我日本應天從人，大兵長驅。以問罪於北京朝廷，將〈迫〉清主面縛乞降，盡納我要求，誓永不抗我而後休矣。雖然，我國之所懲伐在滿清朝廷，不在貴國人民也；所願愛新覺羅氏，不及聳從士卒也。若謂不然，就貴國兵士來降者證之。

夫貴國民族之與我日本民族同種、同文、同倫理，有偕榮之誼，不有與仇之情也。切望爾等諒我徒之誠，絕猜疑之念，察天人之向背，而循天下之大勢，唱義中原，糾合壯徒，革命軍，以逐滿清氏於境外，起真豪傑於草莽而以托大業，然後革稗政，除民害，去虛文而從孔孟政教之旨，務核實而復三代帝王之治。我徒望之久矣。幸得卿等之一唱，我徒應乞於宮〈而〉聚義。故船載糧食、兵器，約期赴肋。時不可失，機不復來。古人不言耶：天與不取，反受其咎。卿等速起。勿為明祖所笑！

日軍在中國用漢文發布的所有公告，幾乎都在不斷強調自己的解放者形象。日本的「中華」意識宣傳，在當時和此後的中國是起到了相當大的作用的。一些西方外交官就注意到，在通商口岸，漢人的抗日情緒便遠低於滿人。英國駐天津總領事寶士德（Henry Barnes Bristow）向倫敦報告說，天津水師學堂的漢人學員，對甲午戰爭前景並不樂觀，甚至認為日本能戰勝也是好事，可以藉此推翻朝廷。寶士德為此擔心天津漢人暴動，要求派遣更多的軍艦以備不測。

日本此後更是駕輕就熟地運用這種「驅除韃虜」的政策工具，無非根據需要將「韃虜」換成「白種人」、「歐洲人」而已，深深地滲透進此後中國的各種政治和軍事大變動中，包括對興中會、華興會等的庇護，令辛亥革命這一民族革命從一開始就變得先天不足，而那導致袁世凱被萬民唾罵的「二十一條」，很多條款之前早就和南方的革命黨人達成了共識，只是革命黨一直沒有機會掌握政權，未及付諸實現而已。

## 武力壓服中國　聯合對抗西方

在把自己包裝成「中華」的解放者的同時，日本間諜也不斷提醒日本軍政當局，只有先將中國征服、打翻在地，才可能消除中國人的傲慢，從而達到中日聯手對抗西方。

宗方小太郎在另一份提交給最高當局的戰略諜報分析《對華邇言》中，指出：因為滿清政權的顢頇，不顧「書同文、人同種，唇齒輔車之關係頗為密切」，「嫉視日本之強盛、厭忌日本之進步，百般猜疑、面諛背非，頑迷不化，不通大局之形勢」，所以才形成兩國的「感情之衝突」。因此，中日之間「若無大戰，則不能大和；大戰而大勝之，中國始知日本之實力之不可敵，方可收協同之效。」

浮士繪：李鴻章因日軍的攻勢而頭疼

宗方小太郎將日本侵華

看作是聯合中國抗擊西方的必要步驟，提出了先「以勢力壓制、威服中國」，中國屈服後再假以時日「在不知不覺間使彼感覺有與我（日本）聯合之必要」，最後則可以共同對抗西方，「使之不能逞其欲望於中國中原，此不特中國之幸，亦日本之所以自守，保持亞洲體面之要務也。」

宗方小太郎認為對中國就是要痛下殺手，「煦煦之仁、孑孑之義，非所以馭中國人之道」，他認為此前爆發的中法戰爭，法國人就是沒有認識到這一點，在軍事上已經「制勝中國」的情況下「草草終局」，因此「勞多功少，且有貽誤國家長遠之計之虞」。

因此，他建議當時正在節節勝利的日本，宜將剩勇追窮寇：「必須排除萬難，攻陷敵人之都城北京」，再「進扼長江之咽喉，攻佔江淮重地，斷絕南北交通，使敵國陷於至困至窮、萬無辦法之地，使敵國政府和人民知曉真正之失敗，而後達到我之目的。」

宗方認為，鐵血政策成功後，就該實行懷柔政策：「以信義公道，赤心相交，利害與共，患難相濟，使兩國人心和合融釋，有如一家。」 他堅信，滿清政權已經是「百弊叢生，瀕於陽九之末運」，而「數億之黎民待望仁政、仁人久矣」。他因此諄諄教誨戰勝的日軍，要在佔領地實行仁政，以有效消除戰後中國人對日本的「仇讎之念」。如果日本佔領軍能掃除中國政治的「宿弊伏毒」，以「公道至誠、待民如子」之心來施行大道，則四方百姓一定會「爭先來歸」。為此，他再三呼籲日本當局要重視這一「責任至重」的問題，選好用好佔領地的民政官。

甲午戰爭後，西方最大的夢魘就是龐大的中國龍在已經西化的日本的「領導」下崛起。以德國皇帝威廉二世（Kaiser Wilhelm II）為代表，西方掀起了第一浪黃禍（Yellow Peril ） 論。從1895年起，德國皇帝威廉二世和沙皇尼古拉二世就所謂的「黃禍」問題不斷通信、

《黃禍圖》的畫面上象徵日耳曼民族的天使手執閃光寶劍，正告誡著歐洲列強的各保護神：「黃禍」已經降臨！懸崖對面，象徵「黃禍」的佛祖（指日本）騎著一條巨大的火龍（指中國）正向歐洲逼近。天空烏雲密布，城市在燃燒，一場浩劫正在發生。威廉二世還在畫上題詞：「歐洲各民族聯合起來，保衛你們的信仰和家園！」

法國漫畫家Georges Bigot（1860-1927）所作《歐洲的噩夢》：左圖為歐洲人在睡夢中，黃種人從中國如潮水般湧來；左下圖為在日本人的帶領下，黃種人（包括毒蛇）衝到了歐洲人的睡榻旁，只有俄國人驚醒過來準備反抗（指日俄戰爭）。

交流，威廉二世還特意請畫家克納科弗斯（H. Knackfuss）創作了一幅油畫《黃禍圖》（The Yellow Peril）贈給尼古拉二世，並下令雕版印刷，廣為散發。

中日兩國在甲午戰爭之後，的確有過一段「蜜月期」，1898-1907年這十年，被一些學者認為是中日關係的「黃金十年」。大量青年東渡留學，中日聯合對抗西方的論調也得到了廣泛的認可。1905年的日俄戰爭中，不但宣布中立的中國官方暗助日軍，留日學生更是組織多支抗俄敢死隊直接為日本效力。

國人在中日「同文同種」的美夢中，一直到1919年才被驚醒：巴黎和會上日本攫取了德國在山東的利益，憤怒的中國終於爆發「五四運動」。宗方小太郎精心炮製的「一手硬、一手軟」的對華戰略，只被執行了前一半，用聖賢大言包裝起來的「仁政」始終未現，中日「感情之衝突」不但沒有任何緩解，反而歷百年而彌烈。不知一直致力於所謂「大亞洲主義」的宗方，生前是否預料到了這「同文同種」的百年仇恨？

甲午戰爭的砲聲，標誌著中、日這兩個東亞國家，進入了對海洋的爭奪。

這場戰爭不僅在世界海軍史上留下濃墨重彩，人類有史以來的第一次鐵甲艦大決戰就在這裏展開，吸引了世界各國的海軍前來觀戰；而且也深刻地改變了海軍交戰規則乃至國際戰爭準則。

但是，海洋不僅是鐵血戰場，也是外交戰場。在定遠、鎮遠、致遠這些赫赫有名的戰艦之外，我們也該同樣去關注那些似乎沒沒無聞的船隻；英國商船高升號、重慶號、巴山號，法國商船西德尼號……這些船隻，以其特殊方式捲入甲午戰爭，並引發了微妙的外交紛爭。它們對於戰爭與政治的影響，絲毫不亞於那些鐵甲戰艦。

發生在帝國波濤上的這些故事，再度證明著「文攻」與「武衛」在海洋爭戰時代有著同等重要的作用……

# 帝國波濤

## 史海中的幾艘船

# 1 高升號：黃海上的三國演義

## 小個子把天捅破了

小個子的東鄉平八郎知道，他只要一揮手，就能立馬把頭頂的天捅開一個大窟窿來。

此時，他指揮的巡洋艦浪速號（Naniwa），已經升起了即將攻擊的紅旗，所有的右舷炮和魚雷發射管都對準了不遠處的目標。而那個被日本人艦炮牢牢鎖定的獵物高升號（Kowshing），卻並沒有表現出任何的畏懼和恐慌，桅杆上依然驕傲地飄揚著大英帝國的國旗。

已經好久了，除了交戰國和冒失的海盜之外，還沒有任何船隻敢於在西太平洋攔截大英帝國的船隻——即使是像高升號這樣的毫無武

清軍援軍在碼頭集結，準備登船赴朝。載有清軍近千人並懸掛英國國旗的英國高升號商輪屬於增援部隊的第二波。西方畫師根據歷史記錄所繪。

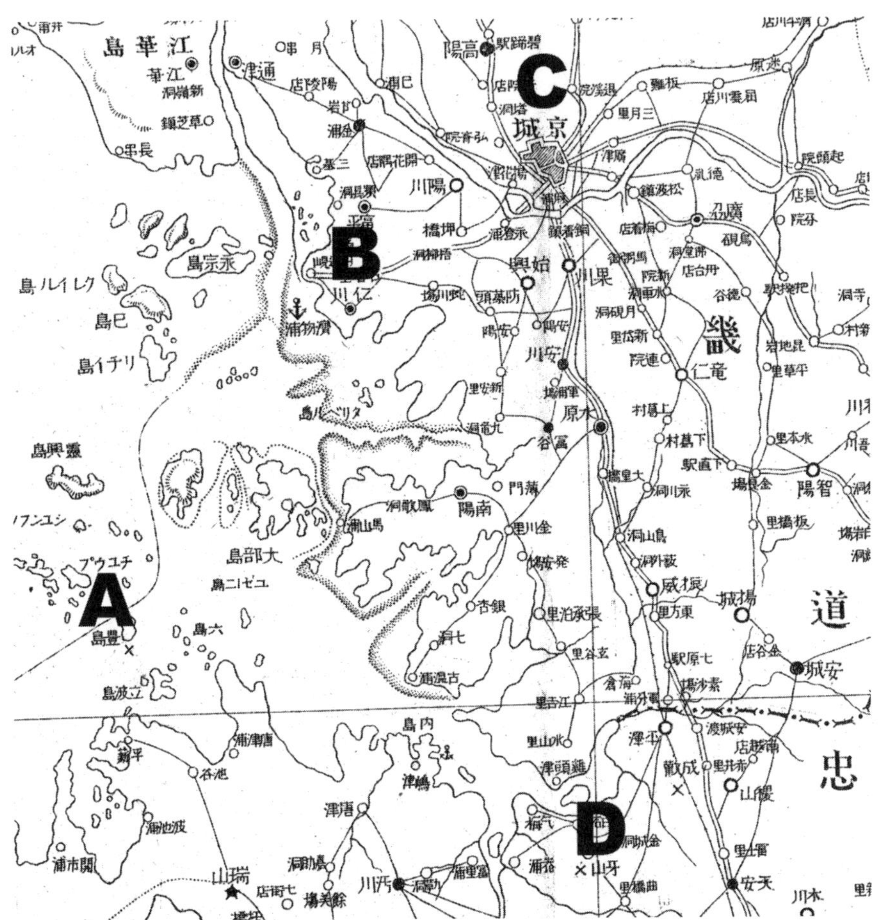


1895年日本軍用地圖（局部）：A為豐島，B為仁川，C為漢城，D為牙山。1894年7月25日上午，日本軍艦浪速號與滿載清軍的英國商船高升號在豐島對峙了足足四個小時。

裝的商船。任何加諸於英國國旗的炮火，都有可能遭到日不落帝國強大海軍的殘酷報復。

這就是東鄉平八郎猶豫的原因。

在那面大英帝國國旗下，由英國船員駕駛的高升號卻裝載了近千多名全副武裝的中國精銳部隊淮軍和大量的軍餉，儘管所有的人都知道用步槍對抗軍艦顯然是徒勞的，但這些李鴻章的嫡系子弟兵，照樣

東鄉平八郎

驕傲地拒絕了日本人的投降命令，並將嚇得試圖棄船的英國船員們牢牢地看管了起來。

這是1894年7月25日，一個即將引爆歷史的日子，儘管黃海平靜得波瀾不驚，甚至沒有一點風。從日本方向升起來的太陽已經爬到了最高點，在這片屬於朝鮮的天空中，照耀著來自大清帝國的這條英國商船。

對峙已經在這個名叫豐島的黃海要衝持續了四個小時，日本人、英國人和中國人都陷入了僵局。面對面的溝通進行了兩輪：日本人要求俘獲這條船，英國人先是表示抗議，然後表示服從，但被滿船的中國人憤怒地否決了；英國人和中國人隨後要求返回出發的大沽港口，理由是出發的時候，中日並未宣戰。

但是，日本人顯然不想放過這個聚殲中國精銳部隊的好機會。

都說小個子膽大，東鄉就是其中之一，他日後能與陸軍的乃木希典同列日本軍神，靠的就是令世界軍事界瞠目結舌的大膽。日後在日俄戰爭中令俄國人膽戰心驚的旅順港偷襲戰，也是他的傑作。

作為日本的首批「海歸」海軍軍官，東鄉平八郎曾在英國留學八年。返回日本後，他在日本海軍內逐漸升職，並曾率領軍艦至上海、福州和基隆等地觀察中法戰爭情況。在1891年北洋艦隊對日訪問中，一個未經證實卻流傳甚廣的故事，是說東鄉平八郎到北洋軍艦上參觀，發現中國軍人在軍艦的主炮上晾曬衣服，由此得出北洋海軍管理混亂、紀律鬆懈的結論。

浪速艦與高升號相持不下，這時，遠處又出現了幾艘軍艦的煙

柱，敵友難辯。

東鄉下令開火，天終於被捅破了！

## 中國陸軍　遭遇最大海難

繼元朝軍隊遠征日本失敗後，中國軍隊對外作戰史上最大的海難開始在黃海上演。

浪速艦上早已上膛的魚雷被發射出膛，右舷炮也迅疾開始轟鳴，毫無抵抗能力的高升號立時被籠罩在一片硝煙之中。

SINKING OF THE KOW SHING

DENOUNCED IN ENGLAND AS A BARBARIC BUTCHERY.

Only 41 Survivors of the Fury of the Japanese—Reports that Struggling Men Were Shot in the Water—The Transport Said to Have Been Under the British Flag—A Demand for Surrender Rejected—No Officers Left Alive—Indignation in London.

PEKIN, July 30.—The following official version of the recent engagement between the Chinese and Japanese fleets has been issued by the Government:

1894年7月31日《紐約時報》對高升號的報導

一發炮彈命中船中央煤庫上面，煤粒和各種碎片隨著煙霧一起紛飛，四周瀰漫。英國籍的輪機長高登（William Gordon）面部中彈當場身亡。幾發炮彈擊中了機艙，導致鍋爐爆炸，艙內不少人被活活燙死。

英國船長高惠悌（Thomas Ryder Galsworthy）趕緊跑到機輪間，拿得最後一個救生圈，就由船邊直接跳下，跳下時，聽得「可怕的爆發聲」，當他浮出水面時，天空中漆黑一片，全是被炸上天的爐灰煤粉。

正在的當班的英國大副田潑林（Lewis Henry Tamplin）跑離駕駛台，抓住一條備用的救生帶從船的前頭跳海，帶下一鐵鏈，有許多船員從這條鐵鏈擁擠而下。

西班牙舵手歐利愛脫（Pedro Oriate）看見日本人開火了，就伏在船桅下以避子彈。當他覺得船慢慢地沉下去的時候，便立刻爬到船最前的桅上。另一名西班牙舵手伊萬傑利斯特（Lucas Evangelista）

漢納根

則抱著甲板上的消防水桶跳入水中。

清軍前營哨長張玉林一直在船艙裏，所在的艙房被炮彈命中後，只好跑出來，但又不會游泳，當船下沉時，他抓到船上的繩索，也爬到了船桅上。

年僅24歲的士兵牟慶新，也從艙中逃出，船將沉下去的時候，他抓到一個漂浮的梯子，藉著它爬到船桅上。

寧波人廚師王榮舟看見船旁有一索，由索而上，至水手臥處，取一藍色凳當救生漂浮物，復躍入水，泅至島上……

天津海關稅務司德璀琳

東鄉的日記表明，轟擊僅半小時後，高升號就迅速沉沒。日本官方的《日清戰爭實記》記載道：「輪船已經沉沒，清兵全部葬身魚腹，海面上只留下長時間的淒慘的喊叫聲……」

在高升號的所有乘客和船員中，最引起日本、中國和英國三國關注的，就是以「私人乘客」名義搭乘該船的德國人漢納根（Constantin Von Hanneken）。

漢納根是日耳曼貴族，出身於德國赫森軍人世家。1879年，24歲的漢納根從德國陸軍退役後，由父親的好友、天津海關稅務司德璀琳（Gustav von Detring）牽線，中國駐柏林公使李鳳苞將他聘請來華，先在天津充任淮軍教練。天津武備學堂成立後，又出任學堂的教官。後來的民國副總統黎元洪就是武備學堂的學生，二人由此結下情

高升號上的中國將官（坐者）告知船長（右立者）、大副（中立者）和漢納根（左立者）寧死不降。當時西方畫師根據相關證詞所繪。

誼。不久，他因不滿清軍戰術陳舊且不思變革，遂離開軍隊，轉而「從事於測算之役」，改行當工程師了。

來華不久，漢納根被德璀琳招為女婿。德璀琳與李鴻章關係密切，漢納根在李鴻章眼中遂地位日重。1880年，李鴻章奉旨籌辦北洋海軍，漢納根得以進入其幕府，擔任軍事顧問，並主持修建了旅順和威海衛兩處炮臺。

漢納根事後解釋他搭乘高升號的理由是：「我以私事重至中華，並非受中國官方敦聘。行抵上海，聽說中日兩國即將失和，到了天津，局勢更為緊張，但我仍不願意捲入。不久我有事要去朝鮮，並順道搭乘高升號。高升號本來就是商船，我作為乘客，十分正常。只是搭乘高升號的中國軍官中有不少是我的舊友，所以就為他們與船長之間擔任翻譯，義不容辭。」

但以一介平民身分，能得以搭載如此重要的運兵輪船，這無論如何是難以令人信服的。其實，在7月23日盛宣懷等人在致清軍在朝鮮的統帥葉志超的函中，便盛讚漢納根在華十五年，既熟悉西方的陸軍韜略，又熟悉北洋情形。盛宣懷說，漢納根「忠勇性成，自願赴韓勘度地勢，偵探敵情，是以派令附坐高升輪船先赴牙口（注：指中日兩軍在朝鮮對峙的牙山），並同隊伍上岸，必宜神速」。又說漢納根「見機敏捷，已切囑其隨時設法照料，與吳、駱兩營官斟酌而行」，要求葉志超將軍事計畫與漢納根一起商量。

在日軍開始攻擊後，漢納根縱身躍進了大海，奮力向豐島游去，並成為少數獲救者之一。此後，他更堅定地站在中國一方，甚至擔任了北洋艦隊的副提督，協助丁汝昌指揮世界上首場鐵甲艦大戰——大東溝海戰。

在高升號事件這場實力完全不對等的「戰鬥」中，船上清軍以步槍還擊日本軍艦的勇敢形象，通過著名電影《甲午風雲》而被廣為流傳。

漢納根的證詞對此進行了證實：「那些可憐的人知道沒有機會游水求生，勇敢地還擊。」而英國駐仁川副領事務謹順（William H. Wilkinson）在他的報告中說：「我只能表示我對中國士兵的欽佩，他們寧死也不屈辱地為他們卑怯的攻擊者俘虜」。

雖然有學者質疑這樣的無謂抵抗，但在那種特殊的時刻，逃生無路的清軍們射擊敵人軍艦，亦不是沒有可能，但這只是自發的本能的個體行為，不可能是有組織的抵抗。何況，這樣的抵抗毫無作用。

## 誰殺了落水清軍？

部分船員和清軍落水後，這一事件中另一撲朔迷離的羅生門般的故事開始了：日本海軍是否對落水的中國官兵進行慘無人道的屠殺？

中國絕大多數甲午戰爭著作中，都相沿使用日艦為「報復」高升

號官兵的寧死不降，而「用快炮來向水裏游的人射擊」的說法，並加以大量的渲染。一如日本的不少著作中異口同聲認為是沉船上的清軍向落水的歐洲人及同胞開槍射擊一樣。

獲救者的證詞，因為各人所處的位置、落點的不同，而充滿了相互矛盾。

高升號上的26歲的司爐工董阿新是廣東豐順人，已有12年的船上經驗。攻擊開始的時候，他剛從機艙裏出來，在船首甲板上洗臉吃飯。船沉後，他攀繩下水，先是登上高升號的一條救生艇，艇上有40多人。日軍向他們和在水中游的人射擊，「子彈落在水中好像下雨」，救生艇上的人當場就被打死了8人，舵也被毀壞，救生艇沉沒。後他又上了高升號的舢板飛古額號，此舢板有兩三回翻覆，直到

中國畫師所繪高升號被日軍悍然擊沉的慘況，題為「形同海盜」，刊於上海《點石齋畫報》。

次日被法國軍艦發現獲救。另一獲救者王桂芬說高升號一共放下去三條救生艇，都滿載了人，但被日本人打沉了兩隻。

士兵牟慶新指證浪速艦在高升沉下去後，還向小船及水裏的人開炮。落水的清軍哨長張玉林則看見日本軍艦的每一根桅上都有一人在發射機關槍，對高升號及水裏的人放槍，掃射達一小時之久，「駱營官被炮打死，吳營官下水死」。他在獲救後的調查中甚至形象地模仿了炮柄怎樣轉和機關槍的聲音。

英國船長的證詞則指控，是正在下沉的高升號的清軍士兵屠殺落水者。無論是在日本人面前還是後來在英國領事館組織的海事法庭上，高惠悌都堅定地指責「清軍的暴行」。

他在被浪速艦救起後，就說：「船將沉沒之前，我跳入水中，清軍向溺水之我開槍，我潛於水中屢避彈丸。」「實際上我已經看到了中國兵對我們開槍。從對我們發射的彈丸數量來看，我不得不認為，我們的一部分駕駛人員、輪機人員、舵工，已經被中國兵發射的槍彈殺死了。這是極為接近事實的。」「一彈落在水裏，離我耳朵很近，隨後即彈如雨下，因有高升號船身遮蔽著，浪速艦上所發的彈絕不能擊落到我的附近。我轉過身來，看見中國兵正從船的甲板上及兩甲板當中的縫裏對我開槍。我盡可能以救命圈保護我頭的後面，並盡力在水下游。」

這樣的指控，在英國被很多人懷疑是船長因困於日本人之手，而受到了壓力。但在被日本當局釋放後，他在英國駐長崎總領事奎因（John J Quin）面前宣誓作證時，還是堅持：「從浪速艦上用槍是打不到我的，因為中間有高升號隔著」，是「高升號上的許多士兵在用步槍向我瞄準開火。」而在出席英國駐長崎領事館為高升號事件舉行的海事審判中，他說：「我沒有看到日本人朝水裏的人開火，我記得他們在高升號沉沒後便完全停止了射擊。」但在法庭上，他的口氣

終於更為客觀了，承認：「我在跳下船之前還沒有見到有中國人受傷，但見到他們有許多人在水裏被打死了。」

抱著消防水桶跳海的舵工伊萬傑利斯特則說：「中國人以五、六支步槍同時從舷窗對我射擊。我勉強地避開了可能的死亡。後來一發子彈擊穿了我的頸部，我立即昏迷過去。我一恢復知覺就大叫：我是西班牙人，我是西班牙人，救救我，救救我！」

而漢納根的證詞，則指控不僅是日軍要對屠殺落水者負責，正在下沉的高升號的清軍士兵也要對此負責。

他說：「我看見一隻日本小船，滿載武裝兵士，我以為他們是要來拯救我們的，但悲傷得很，我是想錯了，他們向垂沉的船上的人開炮。我不明白他們的目的是什麼。事實是，游水的人們不但被日艦、亦被垂沉的船上的人射擊。後者可能有一種野蠻的想法，即倘使他們一定要死，他們的兄弟們亦不許活著。」漢納根在接受英國駐仁川副領事務謹順取證時，說：「日本軍艦卸下堅固的小艇，艇上士兵向高升猛烈射擊，落水的清軍也向高升射擊。」照此說法，當時基本上是一片混戰，不僅是日本人在繼續掃射船上和水中的清軍，船上和水中的清軍還在互相射擊。

漢納根的大部分證詞得到其他倖存者的支持。

大副田潑林在出席英國駐長崎領事館為高升號事件舉行的海事審判法庭時說：「……我親眼看到中國人曾朝水裏的他們（作者注：指漢納根和船長等）開槍，也曾朝我開槍。……但日本人沒有試圖去救撈中國人。救我上來的小船的日本軍官告訴我，他奉命只救歐洲人。他們向坐滿了中國人、有些人還抓著救生索的小船開槍掃射。」

他回憶說，跳海後，「四周被子彈打得水花飛濺。此時我離船約70或80碼遠，我回頭望去，中國士兵正在甲板和舷梯上向我射擊。我用救生帶護住頭部，隨波逐流地游過船身。避開了船，我繼續向島上游去。但當我看到游在我前面的中國人時，我覺得跟他們一起上島跟在船上一樣危險，於是我又轉回來，脫光衣服向浪速游去。此時該艦離我們的船相當遠了，就我的記憶，這時已不再射擊。」

在日本官方對他取證時，他說：「從中國人對跳入水中的歐洲人開槍的次數來看，在歐洲人到達陸地以前，恐必定有人被射殺。我在水中游泳離開高升號時，船中的中國人向我開槍。這從浪速、高升二船對於我的相對位置來看，是顯然的。從位置來看，浪速艦的子彈只會從頭頂上掠過，而且我確實看到了中國人從上甲板或下甲板的舷窗開槍。」「沒游多遠，我發現這艘日艦放下兩艘小艇，其中一條向我划過來，將我救起。我告訴了日本軍官我最後見到船長和漢納根的方向，他命令另一艘小船划向我指的方向，並沒有設法去救溺水的中國人。有兩條救生艇擺脫了沉船，上面滿載著中國人。我所在的小艇打了兩陣槍，欲將它們擊沉。」也就是說，田潑林堅定地認為，不僅沉船上的中國士兵對落水同胞進行了射擊，全副武裝的日軍小艇更是對掙扎求生的救生艇發起了冷血攻擊。

當然，也有一些倖存者沒有看到任何形式的水面屠殺。

舵手歐利愛脫說，不知道是否有人在水裏被人開槍打死，也不知道是否有人游水逃到島上去，並強調說沒看見日本人在水面殺人。

高升號的司爐工李安，扒在桅杆上，「此時潮水又漲，風浪又大，日本人也把他們的舢板下在水裏巡察，也不殺水裏的中國人，也不救水裏的中國人。」

事後，在高升號事件引發的中、日、英三國大角力中，各方對這些劫後倖存者的證詞都各取所需，中日兩國的媒體更是如此。

如，《申報》報導1894年9月8日報導：「有三菱公司之希古麥魯船在此處行過，見高升桅杆尚透出水面四丈許，又有小艇一隻，後梢已被炮擊損。附近水面屍身甚多，想皆係中國兵士被日人妄施戕害

者，然義魄忠魂，歷久不泯，亦當化作厲鬼以殺賊矣。」

9月26日，《申報》另一篇報導說：「德國伊爾達斯炮船，在洋面撈獲浮水衣一襲，知高升輪船之物，遂交回怡和洋行。細看衣內，被槍彈所擊，密若蜂房，由此思之當高升輪船被擊後，諸人雖鳧水逃生，倭人仍用槍轟擊不遺餘力。此事英廷若不有以懲創，恐倭人不獨藐視中國，即英國亦將為所鄙視矣。」

日本報紙則渲染中國軍隊射擊落水的歐洲船員的「野蠻與殘忍」，8月7日的《國民新聞》就說：「英人船長以下均跳入水中，中國人見之，射擊艦長等人。」

英國《簡氏防務周刊》的創始人伏雷德・簡在《日本帝國海軍》一書中認為，中國人所慣於引用的日本人射殺落水者的說法，基本都根基於漢納根的證詞，但「當漢納根泅水逃生時，他的位置很難看清當時的情況。」因此，簡推測，高升號上的中國人是向浪速號派出的小艇開槍，以阻止他們營救落水的歐洲人，而浪速號則繼續開槍壓制高升號的火力。基於簡這樣的假設，得出的推論是：中日兩軍都沒有故意射擊落水者，而是相互戰鬥中殃及池魚。

法國軍艦利安門號拯救在高升號事件中落水的中國士兵。圖為1894年法國畫報Le Petit Journal對此進行的專門報導。

這段史實，其實並不複雜，根據各方公布的倖存者證詞，客觀公正地看，日本人和清軍掃射落水者都完全有可能。

對清軍來說，掃射落水者的最主要原因，恐怕不是漢納根所說的「自己不能活也不讓同胞活」的陰暗心理，而是要發洩對棄船跳水的歐洲船員的不滿，這和清軍阻止歐洲船員乘坐日軍小艇離開是同一想法。在當時情境下，如此憤怒是完全正常和正當的。

漢納根事後曾指責高升號船長高惠悌：「回想高升如果最初不遵從日船命令而逃走，隱避於島嶼之間，全船生命當可保全。可惜船長等對本國國旗忠愛之心過於純厚而終於招此厄運。」當時日艦正在追殺撤退的北洋軍艦濟遠艦，高升號完全有逃脫的可能，但因為船長對英國國旗的過度自信而沒有實施。而當日本人要求俘獲高升號，並且要求歐洲船員棄船時，作為在航行途中對乘客生命和財產負全責的船長，也從未為乘客們的安全爭取任何保障，而是自己居然「欲下小艇」。即使僅僅從安撫全副武裝的乘客們的角度看，這一舉動十分不明智，遭致清軍刀槍相向，乃至沉船後清軍向跳海的船員們射擊，揆之情理，也完全可以理解。

至於日本人掃射落水者，存在著幾種可能：一是為了壓制清軍對落水歐洲船員的射擊火力，而殃及落水者；二是為了盡可能地殺傷清軍有生力量，畢竟高升號運載的是清軍精銳，多殺一個，就能多給在朝日軍減輕一分壓力，這和下令擊沉高升號是同一考慮。

而有意思的是，在中國的大多數有關甲午戰爭的論述中，都只部分引用漢納根證詞中所言日軍殺戮落水者，而刻意迴避了漢納根對清軍向落水者開槍的描述。

高升號慘案的傷亡是驚人的：

船上共計950名清軍，倖存者一部分攀爬上了高升號殘骸的桅杆，後被法國軍艦利安門（Lion）救起42人；另一部分或泅水或乘救生艇，漂流到了豐島上，後被德國軍艦伊力達斯號（Iltis）救回112

名，英國軍艦播布斯號送回87人；另有漂流獲救2人，漂流後又被浪速艦俘獲者3人，共只有246人逃生；74名船員中，共12人得救，其中浪速艦救起3人，法國軍艦利安門救起3人。

浪速艦在開火後，放下了幾條小艇，終於打撈起跳水後的船長、大副以及輪機手等三人。這樣有選擇的救援行動，究其原因，一是因為東鄉對擊沉英國商船還是心中無底，多救些歐洲船員上來，便於事後的轉圜；二是日本人已經實行「脫亞入歐」多年，在心理上努力將歐洲人看作「同胞」；三是當時軍情莫測，日艦擔心北洋主力趕到，急於脫身。三人登上浪速艦後，船長高惠悌身上只剩下短上衣、汗衫和內褲。東鄉給予他們優待，替換了乾衣服，並為他們準備了西餐等。到了日軍基地及被送到日本本土後，日本官方對三人也都給予優待，這對他們日後做出對日本有利的證詞影響很大。

高升號上清軍遇難人數共計704人，相當於當時駐紮牙山的清軍兵力（2000人）的三分之一左右。考慮到這些多為李鴻章經年訓練的精銳淮軍，中國的損失是十分巨大的。這樣的傷亡不僅加劇了中日兩軍在牙山的力量失衡，而且，根據德國海軍的觀察，清軍因此「士氣大為沮喪，而以極不可靠的制海權為滿足，整個朝鮮海歸於日本自由航行。」

在朝鮮的戰鬥打響的同時，圍繞著高升號慘案，一場長達十年的外交攻防戰也在北京——東京——倫敦間展開……

## 清廷希望拉英國抗日

滿載中國士兵的英國商船高升號被日本軍艦擊沉，噩耗在第二天（1894年7月26日）傳到了駐節天津的北洋大臣李鴻章。

李鴻章迅速接見了英國駐天津總領事寶士德，極其強烈地抨擊日本人在和平時期炮擊中立國船隻，希望英國艦隊司令對日本人採取斷然措施。

慶親王奕劻

寶士德事後評價道，李鴻章「他很善於在日本人侮辱英國一事上做文章：『他們打了你們的總領事，擊沉了你們的船，一點也不把你們公使的調停放在眼裏！』」

消息傳到北京後，震驚了紫禁城，總理衙門大臣奕劻等緊急約見英國駐中國公使歐格訥。雙方對本次重要會議各自做了記錄，但在某些關鍵細節上有所出入，反映了不同的關切點。

根據總理衙門的記載，當奕劻追問：「日本如此無理，西國素講公法，當作何辦法？」歐格訥說：「此時我不能出斷語，當聽政府之命。既日本將英船擊沉，或竟調水師前往，亦未可知。」

而在歐格訥寫給倫敦的報告中並非如此：「親王詢問了對於炮擊英國船隻一事，女王陛下的政府將採取什麼措施。我說毫無疑問那是一種非常嚴重的事件，但我掌握的情報很少，不能冒昧發表意見。」

另一個在總理衙門的記錄中被完全忽視的細節，卻在歐格訥的報告中被重視：「我告訴親王……如果他允許我以個人名義坦率直言，我要問一下，一旦真的爆發戰爭，假使中國決定迅速出擊，他認為是否有對敵手施行沉重打擊的力量。親王猶豫了數分鐘，在環視同僚一周之後，咕噥了一聲，對他們目前是否能同日本進行成功競爭，表示懷疑。雖然那是一個令人痛苦的場面，但我還是繼續說道：這恰是要害所在。……雖然我不如親王消息靈通，但我仍有重要理由懷疑中國能否成功地抵抗日本突然和強有力的侵略」。

這份由總理衙門呈報給軍機處乃至皇帝的報告，對於中日衝突已經爆發、且懸掛英國旗幟的商船被日本軍艦悍然擊沉後，英國這樣一個大國和強國的政策取向，應作出基本判斷。英國駐華公使對中國軍事獲勝缺乏信心，無疑是十分重要的外交情報，其戰略意義十分重大，但總理衙門顯然沒有彙報這一點。而最關鍵的是，總理衙門居然在報告中，無中生有地加上了歐格訥並未言及的英國或許會對日本興兵問罪的說法。

這些極大地影響了清廷對英國動向的判斷和掌握。

## 日本政府痛斥海軍

日本大本營首先從上海電訊、而非海軍報告中得知高升號事件。

日本首相伊藤博文痛斥海軍貿然擊沉高升號，擔心英國與中國結盟。

接獲消息的日本首相伊藤博文極為憤怒，擔心會因此遭到列強干預，尤其擔心引起英國報復，因此痛斥日本海軍大臣西鄉從道。英國政府的外交檔案也證實，這一事件發生後，日本最害怕的是英國因此與中國結盟。

西鄉從道被伊藤博文訓斥後，到海軍部召見海軍部主事山本權兵衛。山本隨後對艦隊送回的報告進行修改，將開戰的責任推給了北洋艦隊。

日本在接到英國遠東艦隊司

令的措辭強硬的抗議信後，一方面指令聯合艦隊司令回覆英軍，請英方經由外交機關交涉；另一方面也試圖約束海軍軍官們今後應審慎從事，但在艦隊內部傳達時，受到了東鄉平八郎等的強烈抵制和不滿。

從陸奧宗光的回憶錄《蹇蹇錄》中可以看到，日本人所在乎的並非與清軍的衝突，而是對高升號事件可能招致英國的干預大為恐懼。《蹇蹇錄》記載，西鄉從道曾問陸奧宗光：「若日本艦隊在最後通牒期滿後，與中國艦隊遭遇，或中國有再增兵的事實，而立即開戰，在外交上有無為難？」陸奧宗光答稱：「從外交順序來說並無任何障礙。」

陸奧回憶道：「最使我國官民大吃一驚的，是我國軍艦浪速號擊沉懸掛英國國旗的一艘運輸船的消息。……在最初接到在豐島海戰中我國軍艦擊沉懸有英國國旗的運輸船的報告時，都想到在日英兩國間或將因此意外事件而引起一場大紛爭，任何人都深為驚駭，因而有很多人主張對英國必須立即給予能使其十分滿意的表示。」

7月28日，他在寫給伊藤博文的信中說：「此事關係實為重大，其結果幾乎難以估量，不堪憂慮」，並提出停止增兵，在前線與清軍脫離接觸，以免歐洲列強干預。

## 英國軍方要求對日報復

高升號的悲劇傳回英國後，輿論一片沸騰，群情激憤，要求政府對日進行報復。此時，巡弋在東亞的英國遠東艦隊，也做出了不尋常的軍事部署：艦隊副司令斐里曼特（Edmund Fremantle）不僅派紅雀艦前往出事地點進行搜索，更是派遣射手艦前往搜尋日本艦隊，要向日本艦隊問罪。

斐里曼特在發給倫敦海軍部的電報中建議：「我方應要求立即罷

免並拘捕浪速號艦長和那些在兩國政府談判期間指揮軍艦捲入事件的高級官員。若不遵從，我應被授權實行報復。最重要的是，應當做些事情以彌補大英旗幟所遭受的侮辱。」

儘管當時出於全球戰略（主要是對抗俄國南下）的考慮，英國已經決定扶持日本。但因為長期的「傳統友誼」，英國軍方和民間都還是將中國作為遠東的首要合作對象，在中日衝突中，英國輿論一致認為「抗日援華」既符合英國的長遠利益，又符合英國的道義責任。

斐里曼特隨即通報東亞海域內的英國船隻，將為他們提供武裝護航。與此同時，斐里曼特命令日本艦隊停止對英國商船行使搜查權，確保英國商船「在任何情況下都不應受到騷擾」。

斐里曼特的武裝護航計畫，引起日本政府的激烈反應。駐倫敦公使青木周藏奉命向英國提出抗議，認為斐里曼特的干預不僅侵害了日本作為交戰國的應有權利，更與英國政府中立聲明中的條款不符。青木要求英國政府下令撤回斐里曼特的這一要求。

## 三國展開了一系列調查

從事件發生到8月2號日本官方的初步報告出臺，日本走了兩步重要的棋：

首先，日本外相陸奧宗光下令法制局局長末松按照「文明國家」的程序對事件進行調查。從7月27日到正式宣戰（8月1日）的一周內，日本進行了大量的證據準備工作，主要是針對日艦浪速號軍官、獲救的高升號船長和大副的調查筆錄，以及其他一些獲救者的證詞，於8月2日形成了《關於高升號事件之報告書》。這份根本沒有中國人參與的單方面報告，形式上完全按照「國際慣例」製作完成，在隨後英國政府的兩次海事審判聽證會上大派用場。

同時，陸奧宗光對駐英公使青木周藏作了「危機外交」的具體指示。一方面，要求青木控制好對媒體發布消息的節奏和分寸，一開始先不透露被擊沒的是一條英國輪船。同時，他要求青木向西方列強明確表態，日本將嚴格按照國際法辦事，一旦確定責任在於日本海軍，則日本將立即承擔所有責任。陸奥本人還親自向英國駐日公使巴健特重申此點。

Numb. 26540 4599

The London Gazette
EXTRAORDINARY.

Published by Authority.

TUESDAY, AUGUST 7, 1894.

By the QUEEN.
A PROCLAMATION.

*VICTORIA, R.*

WHEREAS We are happily at peace with all Sovereigns, Powers, and States;

And whereas a state of war unhappily exists between his Majesty the Emperor of China and His Majesty the Emperor of Japan, and between their respective subjects and others inhabiting within their countries, territories, or dominions;

And whereas We are on terms of friendship and amicable intercourse with each of these States, and with their subjects and others inhabiting within their countries, territories, or dominions;

And whereas great numbers of Our loyal subjects reside and carry on commerce, and possess property and establishments, and enjoy various rights and privileges, within the territory of each of the aforesaid States, protected by the faith of Treaties between Us and each of the aforesaid States;

"This Act shall extend to all the dominions of Her Majesty, including the adjacent territorial waters.

"*Illegal Enlistment.*

"If any person, without the licence of Her Majesty, being a British subject, within or without Her Majesty's dominions, accepts or agrees to accept any commission or engagement, in the military or naval service of any foreign State at war with any foreign State at peace with Her Majesty, and in this Act referred to as a friendly State, or, whether a British subject or not, within Her Majesty's dominions, induces any other person to accept or agree to accept any commission or engagement in the military or naval service of any such foreign State as aforesaid—

"He shall be guilty of an offence against this Act, and shall be punishable by fine and imprisonment, or either of such punishments, at the discretion of the Court before which the offender is convicted; and imprisonment, if awarded, may

英國政府公報The London Gazette. 1894年8月7日。女王宣布在中日戰爭中中立。

據西方歷史學家研究所得，日本在戰爭之前，就已經弄清楚活躍於英國的媒體哪些是可以被收買的以及收買的價碼。事件發生前數日，陸奥就指示青木向路透社暗地裏行賄600英鎊，以換取路透社對日本的「關照」。以這樣強力的「新聞策劃」為支撐，青木成功地爭取到一些英國專家學者在媒體上公開為日本辯護。他在8月4日向本國政府報告英國和德國的輿情動向時，要求再「提供約1000英鎊做特工經費」。

英國在獲救者集結的朝鮮仁川以及獲救者被送回中國的第一站煙臺，收集了倖存者的證詞，並在此基礎上形成提交給海事審判聽證會的報告。

8月1日，英國領事也趕赴天津的北洋水師總部，聽取擔任天津海關稅務司的德國人德璀琳和北洋海軍營務處羅豐祿（後任駐英公使）主持的聯合調查報告會，美、俄、德三國領事也都到場。

8月3日，英國司法部官員們根據這些調查形成了意見，英國外交部遂以此正式指控日本，在英國外交大臣金伯利（Lord Kimberley）

當日發給青木周藏的照會中，明確表示英國政府「認為日本政府應承擔由於日方海軍軍官之行動所造成的英國生命和財產損失之責任。」同時通知印度支那航運公司，要求該公司盡快將損失詳情報外交部，準備向日本索賠。

就在英國草擬意見的時候，日本的調查報告已經送到了幾個國際法權威的手裏。在這個首次以攻擊中立國船隻作為戰爭開端的案例中，專家的意見起了關鍵作用。

日本征服中國漫畫，載於日本東陽堂發行的《日清戰爭圖繪》（1894年12月20日）。

## 英國國際法專家為日本聲辯

8月3日，劍橋大學教授韋斯特萊克（John Westlake）在《泰晤士報》上刊文為日本辯護，認為日本擊沉高升號是合理合法的行為。他的主要觀點有三：一、高升號是為中國軍方提供服務，這是一種敵對行為，不可以獲得英國國旗和船籍的保護；二、不能因雙方未宣戰而禁止日本將高升號視為敵船。韋斯特萊克認為戰爭當然最好先有正式的宣戰手續，但在實踐中卻往往相反，很難做到；高升號已經在從事敵對活動，已非中立；三、日本能夠證明高升號的清軍是開赴朝鮮應對日本軍隊的，這毫無疑問是敵對行為，日本將其擊沉的確有軍事上的需要。

8月6日，《泰晤士報》又刊登了牛津大學教授胡蘭德（Thomas Holland）同樣論調的文章。他認為：即使沒有正式的宣戰，戰爭狀態也已經存在了；當日本軍官用武力威脅高升號服從其命令時，作為中立國公民的高升號船長、其也已充分了解到了戰爭的存在；這樣，不僅敵對雙方、而且中立方均明瞭戰爭的存在，宣戰的義務也算完成。況且，高升號從事的是帶敵對性的地面作戰部隊的運送，高升號應該清楚地知道這樣完全會被日本軍隊攔截並作為戰利品而被繳獲，因此，日本不需要向英國道歉，也不需要向高升號的船東、或那些罹難的歐洲船員的親屬道歉或賠償。

韋斯特萊克、胡蘭德之外，格林威治海軍大學教授勞倫斯也發表演說與他們呼應，為日本辯解。他們所持的一個重要前提，就是日本是「文明國」，而中國依然是「野蠻國」。

這幾位專家的論調出來後，英國輿論一片譁然，指責幾位專家「卑怯」、「不愛惜自己榮譽」、「違背職業道德」、「寡廉鮮恥」。但他們的論調對輿論明顯產生了影響，甚至影響了英國的海事審判。

1894年8月12日，長崎的第一次聽證會結束，結論對日本相當有利，大長了日本人的自信。8月14日，陸奥向駐英公使青木發出《關於高升號事件之訓令》，表示高升號本身「非法徵募」、違反了女王的中立聲明，要求青木向英國「提出強烈抗議」。當日下午，青木即拜訪了英國外交部，要求英國政府飭令臣民嚴守中立。

8月20日上海舉行第二次聽證會後，英國幾乎全盤接受了日本無錯的觀點。11月10日，英國官方最終裁定：當時已經存在著戰爭狀態，高升號為交戰國執行交戰任務，日本軍隊有權扣留或擊沉它，因此，日本在此事件中不需要承擔任何責任。

英國的槍桿子畢竟是聽政府指揮的。在政府的壓力下，斐里曼特不久即徹底改變了態度。陸奥在發給日本駐英、俄、美等公使的電文中說：「英國海軍司令報告說，他考慮到船的被擊沉是有理由的。並建議英國政府不要提出要求。」

## 羅豐祿的抗爭

1894年11月英國作出最後裁定後，到次年的2月5日，英國外交部正式通知高升號的船東印度支那航運公司：賠償責任應改由中國政府承擔。

北洋海軍營務處羅豐祿深諳洋務，在高升號事件處理中，一出手就給英國一記猛拳。

1896年4月27日，索賠談判正式開始。此時，在英國政界很有影響力的「中國協會」（The China Association），其主席、後成為國會議員的克斯威克（William Keswick）就是怡和公司的合夥人，給政府施加巨大壓力，要求以外交手段推動其在華的商業目的，而為高升號索賠之事首當其衝。

此時，中國公使龔照瑗因為在倫敦公然綁架孫中山，在英國政府強烈要求下，被召回國內。李鴻章親信羅豐祿以二品頂戴出任駐英、意、比三國欽差大臣（公使）。出身福建船政學堂的羅豐祿，是中國第一批留英學生，文武兼修，他的工作重點就是和大英帝國周旋。

深諳洋務的羅豐祿，在高升號事件處理中，一出手就給英國一記猛拳：根據國際海事法律，索賠要求必須在損壞事實發生後的5天內提出，而印度支那航運公司在事件發生後近兩年才主張權利，早已過了主張期限。

根據英國的史料記載，當時英國首相兼外交大臣沙利斯伯利（Lord Salisbury）的高級助手桑德森（Thomas Sanderson）就為此沮喪不已，因為這正是英國的索賠要求在法律要件上的軟肋。

1898年8月22日，羅豐祿向沙利斯伯利提交了一份照會，駁斥了英國學者以及司法部的全部觀點。他指出：高升號上的中國軍隊，是應朝鮮國王的邀請協助平叛，並不是針對日本的。其次，多日在海上航行的高升號，不可能得知在它遭遇日艦之前的數小時，中日軍艦之間發生了衝突，既然高升號從未收到任何交戰方的正式宣戰通知，強加在高升號頭上的所謂中立的義務就不存在。他指出，日本軍艦唯一能做的合法行為，就是讓高升號返回出發港口——實際上，從各方當事人的證詞看，當時高升號船長也是如此與日本軍艦交涉的，但被日軍拒絕。

羅豐祿說，日本和英國的說法中，高升號的唯一「罪名」，就是它反抗了日軍的強制行為，但在未得到「任何交戰方通知」的情況下，高升號當然可以反抗，而英國政府卻說日本人因此有權將其擊沉，這是十分荒謬的。

這位中國公使，對日本行為的合法性以及英國向中國索賠的合法性，都予以了堅決的否認。

羅豐祿說，中國軍隊是應朝鮮國王的邀請協助平叛，並不是針對日本的。圖為朝鮮前線的清軍。

1899年4月，中國公使和英國外交部繼續舌戰，但英國拒絕接受中國的觀點。羅豐祿則繼續指責英國立場充滿矛盾：如果當時中日已經處於戰爭狀態，則高升號的確可以被日軍作為戰利品，但正如英國學者胡蘭德分析的，如此一來，則高升號的船東無權為其因參戰而

損失的船隻索賠；如果當時中日還未處於戰爭狀態，則日本必須為其非法搜查和破壞高升號承擔全責。英國政府在此事件上出現明顯矛盾，就只能有一個解釋：為了政治和外交利益，英國選擇了偏袒日本。

### 中英兩國陷入仲裁困境

中英雙方的談判有點陷入了僵局。鑒於此，1899年3月18日，英國外交部提出以仲裁方式解決，羅豐祿於7月18日向總理衙門請示，北京於12月10日表示同意仲裁。

英國給中國提供了三種仲裁選擇：一是海牙國際法庭、二是英國法院、三是選一位有聲望和權威的第三國仲裁員。中國選擇了第三種方式，請當時美國駐英國大使考特（Joseph Hodges Choate）作為仲裁者。

在雙方共同擬訂提交仲裁的文書草案時，又發生了激烈的爭論。英國堅持認為日本並非參與仲裁的當事人，其與中英之間所需要仲裁解決的分歧沒有任何關係，因此不能將日本的責任寫進草案；而中國方面則認為，日本的責任問題恰恰是中英分歧的焦點和尋求仲裁的原因，需要的話，應當將日本也追加為仲裁當事人。

根據史料記載，中國的觀點被英國粗暴地駁回了。1901年1月18日，英國政府就仲裁事宜在《泰晤士報》刊登公告，表明仲裁的目的只是證明中國是否有錯，以確保中國對英國予以賠償。在英國官方看來，仲裁只是判定中國賠償的時間和數額而已。雙方繼續僵持到了1902年4月，英國政府提出和中國做筆交易：如果中國能在草案中放棄對日本的所有指控，則英國同意放棄對中國的所有指控。

但此時，雙方卻突然取消了仲裁安排。

## 中國息事寧人賠錢了事

1900年，中國北方爆發了義和團事件，隨後是八國聯軍入侵。與此軍國大事相比，高升號的善後事宜顯得有點渺小了。

1902年5月，英國新任駐華公使薩道義（Ernest Satow）與包括新任駐英公使張德彝、慶親王奕劻等在內的中國官員舉行了會談。根據薩道義的記載，中國官員說，大家何必為了高升號這樣的小事糾纏不休呢？為了「雙方的友好關係」，中國政府可以給予高升號船東「慈善性」的補償。

幾經周折，討價還價，中國政府與印度支那航運公司終於商定總數為33411英鎊的「慈善補償」，1903年3月此款交割。此時，距離高升號沉沒正好10年差四個月。

導致中國政府願意賠錢了事的原因，除了庚子事變後的國際國內形勢外，也有很大程度是因為當年租賃高升號的合約中明確約定，一旦中日有戰事，該船必須立即返回上海，合同立即終止，否則，中國政府應在合同終止後的一個月內以19萬美元的價格購買該船。奇怪的是，無論是印度支那航運公司，還是英國政府，都沒有明確地以此特別條款向中國主張權利。

一場轟轟烈烈的國際事件，最後卻以民事事件收尾，正如美國歷史學家說的，「英國政府始而動用公法繼而訴諸私法的行為，就好像日本人從未打沉過高升號一樣」。

## 高升號事件影響深遠

高升號事件，是甲午戰爭中發生最早、牽涉面最廣、耗時最長、也是最重大的國際政治多邊角逐。隨著高升號的沉沒，中日甲午戰爭全面展開，舊的大東亞秩序土崩瓦解。新東亞在硝煙、火光和血腥中誕生，並從此與世界緊密地結合為一個整體。

國際軍事史學界普遍認為，高升號事件中，日本不宣而戰卻逃脫譴責和懲罰，令日本人看到了偷襲的巨大成效和微小代價，並成為推動日本軍事冒險的原始雪球。日本人食髓知味，在此後的對俄戰爭（偷襲旅順港）、對華戰爭（九一八事變及七七事變）及對美戰爭（偷襲珍珠港）中，頻繁不宣而戰。

作為高升號事件的第三方當事人，英國被迫在中日兩國之間進行了抉擇。英日親近，甚至結成了同盟。圖為日人所繪日英同盟宣傳畫。

事實證明，日本軍方在高升號事件中的「鹵莽行為」，是一把雙刃的劍，一旦成功即向西方表明：日本比中國更有實力成為新的遠東代理人，這當然也更有助於日本廢除其與西方簽訂的不平等條約。

在高升號事件之前，日本一直試圖與英國重新簽訂條約，力圖廢止不平等條約。這是明治政府前30年奮鬥的首要目標。因此，在條約談判的關鍵時刻，日本政府十分擔心軍方在朝鮮的任何鹵莽行動可能將英國逼到敵對面去，前功盡棄。在明治天皇的親自協調下，直到英國簽訂了新的《日英通商航海條約》的次日，日本才決定開戰。但此時條約雖已簽訂，卻未換文，因此，日本政府因高升號事件而對軍方惱怒亦在情理之中。但英國政府以自己在高升號事件中的實際行動，證明了對新的夥伴的誠意。

高升號事件，可以看作英國遠東外交戰略的彩排，該事件過程中英國所表現出來的游移、乃至內部分歧，都是這個戰略形成的「試錯」和調整過程。作為高升號事件的第三方當事人，英國被迫在中日兩國之間進行抉擇。英日親近，甚至結成同盟，對英國來說也付出了沉重的代價：不僅失去遠東的主導地位，而且英中之間的「傳統友誼」受到極大的削弱，此後中國轉而向俄國靠近。

高升號事件也促成了國際法的重大修改。1907年，受日本再次偷襲旅順港俄國太平洋艦隊的刺激，各國迫切希望規範戰爭法規，第二次海牙和平會議（The Hague Convention）召開。會議上，英國動議提出的《關於戰爭開始的公約》（即海牙第三公約），在歷史上第一次正式確立宣戰制度，規定不宣而戰是非法的，戰爭狀態的存在必須毫不延遲地通知各中立國，並且只有在中立國接到通知之後，對它們才發生效力。但由「國際法研究院」提出的、在宣戰與首次戰爭行動之間應有合理的間隔期的建議，卻沒有在公約中體現，這最終還是留下了可被利用的破綻。日本偷襲美國太平洋艦隊，在偷襲飛機到達珍珠港上空時才遞交宣戰書，就是鑽了這個空子。

2001年，韓國宣布打撈高升號，大量文物「出土」。

高升號上價值8800萬美元的600噸銀錠，迅速成為媒體報導的焦點。打撈人員在探撈時，同時發現7具遇難中國士兵遺骨，但這沒有引起任何人、包括中國那些激昂「抗日」的憤青們的重視，遑論任何形式的祭奠與緬懷。

此時，距離那個悲劇時刻，已經過去了97年，而隆隆的炮聲似乎早已被人忘懷……

# 2 操江號：故國不堪回首？

1894年8月15日，上海出版的《字林滬報》刊登了一則新聞《禽獸之行》，對日本人「淩虐」被俘的北洋操江號官兵一事進行了報導。

操江號是北洋艦隊的通訊船，於1894年7月25日豐島海戰中被俘，在同一時間和同一地點，另一艘北洋雇傭運兵的英國商船高升號（Kowshing），卻因船上的清軍拒絕投降，而被日本海軍擊沉，近千人遇難。

在斥責日本人「禽獸之行」的同時，《字林滬報》同時憤怒地指責這些被俘官兵：「尚何所望而不即自裁甘受此侮辱哉?!」

操江號是一艘木殼木肋的老式軍艦，原屬南洋水師，後借調北洋用於通訊和運輸，配置官兵82人，船齡已超過20年，雖然也配備5門火炮，但也只能勉強對付海盜而已，根本不可能作為對抗軍艦的武器。

平日裏，操江只是作為北洋的通訊船使用，而就在甲午開戰前山雨欲來的危機時刻，李鴻章居然派遣這樣一艘「老爺船」，在沒有護航的情況下，隻身裝載文件、武器和巨額餉銀由威海衛開往朝鮮牙山。

在日本事後為高升號事件所做的種種「公關」活動中，將操江號說成是為高升護航的北洋軍艦，以期減少全副武裝的戰艦擊沉既無軍艦護航、又無自身武裝的商船的血腥味。其實，操江與高升執行的是完全不同的運輸任務，高升從大沽開往牙山，而操江則是從威海衛開出。操江與高升在豐島附近才相遇，即遭遇日本艦隊。所以，操江既沒有護航高升的任務、也沒有護航的時間，更沒有護航的能力。

操江艦長王永發為浙江鎮海人，已年過半百，早年曾在英國軍艦上當水手，繼升為水手長，後來轉入清軍水師，積功擢參將，委帶操江號。日本的資料特意指出，在英艦炮擊日本下關時，王永發正在該艦服務，以期表明他是「入侵日本的幫兇」。

操江號在豐島附近洋面發現日本艦隊時，日艦已經截停了高升號。王永發見狀不妙，立即轉舵回行，這一舉動是明智的，一方面操江根本無力對抗軍艦，另一方面操江懸掛的是黃龍旗和北洋軍旗，不可能像高升號那樣指望以中立國英國國旗自保。

此前以寡敵眾的北洋主力軍艦濟遠艦，正負傷逃離戰場，日本軍艦吉野緊緊追趕，兩艦都先後與正往回行使的操江號交會，但吉野沒有理會操江號。

下午1：50時，奉命追擊操江號的另一艘日本軍艦秋津洲號，追上了它的獵物。秋津洲艦逼近操江號，發炮示警，命令它「停駛拋錨」。操江不應，繼續西駛。秋津洲艦再追近，發射一發12公分口徑炮彈再度示警。王永發見狀慌亂，甚至準備自盡，被隨船前往朝鮮保護電信設備的天津電報局技師、丹麥人彌倫斯（Muhlenstedt）勸住。

操江遂升掛白旗和日本國旗，表示投降。日本的官方戰史《日清戰爭實記》中對操江「竟軟弱地揮白旗，表示投降」表示驚訝。

在彌倫斯的建議下，王永發將所帶重要文書及密電本當即投爐中焚毀，以免洩露軍情。還準備將船上所裝20萬兩餉銀投到海中，以免資敵，但倉促間未及施行。

約在下午2：10時，秋津洲放下一隻舢板，裝有日本海軍官兵及管輪等共28人，俱持槍械，登上操江。到船後，即將操江船上所有人員拘禁於後艙，由日兵持槍看守。

日軍遍船搜求文書，但無所得。於是，將王永發拘上秋津洲，其他人員仍關在操江後艙。隨後，秋津洲起錨南駛，操江隨行。途中

上圖：豐島大捷。這是《點石齋畫報》的另一則假新聞。下圖：浮士繪，豐島海戰。

1894年7月25日清晨，「濟遠」和「廣乙」兩艘中國軍艦在完成護送清軍在朝鮮牙山登陸後，離牙山返航，在朝鮮豐島海面，遇上日本聯合艦隊「吉野」、「浪速」及「秋津」三艦，「吉野」首先開炮，打響甲午戰爭第一炮。中國軍艦隨後還擊，兩軍展開激烈炮戰。「廣乙」最後受重傷，縱火自焚；「濟遠」艦懸白旗投降。

操江號被俘官兵在日本備受侮辱

與旗艦吉野相遇，立即以信號報告：「敵艦降服，其艦長在我艦。」又報告說：「據操江艦長稱，清艦在大同江，揚威在仁川，鎮海在牙山」。於是，坪井航三下令將操江帶至群山灣與本隊相會合。

在第一游擊艦隊司令坪井航三發給日本駐朝鮮公使大鳥的報告中說：「（操江號）曳至我根據地。艦長以下船員移往軍艦八重山，船體歸我艦隊使用」，這是日本海軍史上繳獲的第一艘中國軍艦。

7月28日早晨6時，操江船上83人與高升號被救的3名歐洲船員一道，由八重山艦押送到佐世保港。在八重山艦上，高升號英國船長高惠悌（Thomas Ryder Galsworthy）、操江艦長王永發與日本軍官們對坐吸煙，高惠悌突然向王永發發難，指責中國人極其野蠻、猙獰，「若今日爾之軍艦俘獲他國人，必殘酷相待。反之，日本對於俘虜，如此周到處理，乃文明各國之正當措置云。」

高惠悌此前在高升號上，居然準備聽從日軍命令，率歐洲船員放棄該船逃離，被船上清軍強力制止。在日艦隊開炮轟擊高升號時，他跳水逃亡，清軍紛紛從船上向他射擊。日本海軍的報告記錄了高惠悌對王永發的責難，形容其「語氣激烈，旁人聞之，有不堪入目之狀。」

操江號被俘官兵是日「午後二點鐘上岸，上岸之時極備凌辱」，彌倫斯回憶道：「船近碼頭即放氣鐘搖鈴、吹號筒，使該處居民盡來觀看。其監即在碼頭相近地方，將所拘之人分作二排並行，使之遊行各街，遊畢方收入監，以示凌辱。」

8月15日的《字林滬報》說，日本人將操江號被俘官兵的「髮辮盡行剪去，下諸獄中，不堪凌虐」。9月26日的《申報》則報導說，被俘官兵被「倭奴看管甚嚴，不能輕出一步，每日派役提出十餘人，逼視自帶大帽聯行街市以示辱侮中國之意」。

操江隨後被日軍改作訓練用艦，此消息後來傳回中國，被輿論大大地嘲笑了一番。1894年8月3日的《字林滬報》指出，操江為江南製造局所造的第二艘船隻，「閱時既久，且係試造之船，一切質料器具皆不甚堅固，中國已棄置勿用，倭人不加詳察，遽欲以我之矛陷我之盾，其想奇矣，顧其計亦左矣。」《申報》則在10月8日說：「操江既小且舊，為中國所不甚愛惜，倭人得之乃視作珍寶，竟置之兵艦之列，亦可見彼國海軍船隻，漫無揀擇矣，雖多亦奚以為」。對於日本為宣戰而告祭太廟等，《申報》在8月23日刊登《欺及先人》一稿，嘲諷日本人「劫得我木質舊式操江遞書船，即以為大獲勝仗」，以此祭告先人實則「言詞誇誕欺及先人」。《申報》發此稿時，正是葉志超兵敗平壤卻謊報奏捷之時，因此報導繼續嘲諷日本道：「乃未

平壤街頭的清軍俘虜

及輕旬，即有平壤敗績之信」，日本人的祖宗如果「泉下有知，當深恨子孫之國祚將傾，為之痛哭流涕矣，祭告胡為者？」

國人心中的「敝帚」操江號，卻在日本人手中得到充分利用，其從日本艦隊退役後，長期在神戶港充任檢疫船，一直被使用至1965年後方拆解，閱盡東亞滄桑，成為北洋艦隊中「壽命」最長的艦船之一。

指斥操江號被俘官兵為何不自殺殉國的《字林滬報》，屬於《字林西報》（North-China Daily News）旗下。《字林西報》，是英國人在中國出版的歷史最久的英文報紙，自稱其編輯方針是「公正而不中立」，得到英國租界當局的支持與贊助，是英國在華利益的代言人和工部局的喉舌，它在全國各大城市派有記者和通訊員，擁有龐大的由西方在華政界、宗教界和商界的知名人士組成的撰稿人隊伍，主要發行對象是外國在中國外交官員傳教士和商人。最早為《北華捷報》周刊，由英國商人奚安門1850年8月3日在上海創辦，主要刊載中國沿海城市的商情、一周新聞及司法、領事公報。1856年起，增出《航運日報》和《航運與商業日報》副刊。至1864年，《航運與商業日報》擴大業務，改名《字林西報》，獨立發行。而《北華捷報》作為《字林西報》所屬周刊，繼續刊行。《字林西報》曾先後出版中文報紙《上海新報》（1861-1872）和《字林滬報）（1882-1900）。該報一直到1951年3月31日因報導不實受到上海市軍事管制委員會警告後方停刊。

操江號被俘，並沒有引起像高升號那樣的巨大風波，丹麥政府向日本提出釋放彌倫斯的要求。8月5日，彌倫斯被日本政府釋放，其餘82名清軍官兵，包括管帶王永發，大副孫茂盛，二副徐起鳳、三副王生才、大車石德行、二車包振瑞、三車鮑忠林、管事方長春、師爺3人及士兵71人，皆關押到1895年8月始遣返回國，其中1人死在日本佐世保監獄中。

史料沒有記載這些被國人認為「可恥」俘虜們，回到國內後又經歷了怎樣的人生，但可以想見的是，與在日本所遭受的凌辱相比，估計也不會好到哪裏……

# 3 重慶號：中國「刁民」抗日

## 中國炮臺向英國商船致敬

隆隆的禮炮聲劃過初冬寂靜的早上，驚得鷗鳥們紛紛竄起，大沽炮臺上旗號鮮明，守軍正得令向緩緩進港的一艘輪船鳴放21響禮炮。黃龍旗迎風獵獵，隨同它一同升起在炮臺旗杆上的，還有大英帝國的米字旗。

正在怡然接受中國最高軍禮的，是一艘高懸英國國旗及英國皇家海軍旗的商船重慶號（Chung King）。英國駐天津總領事寶士德（Henry Barnes Bristow）、英國海軍紅雀艦艦長伯克羅夫特（Bearcroft）參加了儀式，認為十分精彩，對中國方面的賣力大加讚賞。

這是1894年11月14日，中國被迫以最高軍禮為形式，向英國國旗道歉，原因是中國的「刁民」為了抗日，而「攻擊」了這艘英國船，將船上的日本外交官及其家屬綁到岸上，痛加毆打。

英國人和日本人似乎並不相信中國的「刁民」會有如此覺悟，畢竟衝上重慶號的，是身著清軍軍服的軍官。兩年之後，到了1896年9月份，清廷才將重慶號事件肇事者緝拿歸案。

為首者果然並非現役軍官，而只是一名軍官的弟弟，姓賈名長瑞，直隸雄縣（今河北）人，年僅21歲，尚未成家，其兄賈長和在北塘練軍步隊左營充當正兵，隨同部隊增援朝鮮，卻登上了那條致命的高升號，在朝鮮海面被日本軍艦擊沉而罹難。

哥哥犧牲的消息傳來，81歲的祖母和46歲的母親終日在家哭泣，並總認為賈長和仍在人世，賈長瑞便奉母命到處打聽，並到部隊營地將其兄所遺鞋帽腰刀等取回。1894年8月1日這天，賈長瑞走到塘沽，聽得街上人聲鼎沸，說有東洋輪船裝了許多東洋人來了，都是奸細。他就隨著大家到礦務局碼頭。天黑下雨，看不清船隻，也沒見船上掛旗，更不知道是英國船。碼頭圍觀眾人都在痛斥東洋人把高升號打沉，害了我們許多性命。大家說該拿東洋人報仇，而且拿住奸細送官有賞。賈長瑞本就報仇心切，就把他取回的哥哥的頂帽帶上，冒稱六品頂戴，挎上腰刀，和大家一擁而上，捆了十幾個日本人下來，痛打一頓。正想送官，不料官兵打著大燈籠趕來，呵斥大家說不要胡鬧，否則也捉拿懲處，而且拿馬棍亂打，大家一哄而散，賈長瑞便也跟著跑了。

清廷得知賈長瑞出現在塘沽附近，立刻命令駐紮大沽的保定練軍進行秘密緝拿，將其人抓獲押送到天津，由天津海關道盛宣懷組織審訊。賈長瑞對一切供認不諱，但堅稱自己只是報仇心切，非為圖財。

盛宣懷隨即行文軍方查訪，賈長瑞之兄賈長和果然是練軍步隊左營六品軍功正兵，死於高升號事件。而且，當日的確塘沽傳言輪船上多是日本奸細，因此導致眾怒，闖上船去要為同胞報仇。

盛宣懷對賈長瑞充滿同情，但考慮到賈長瑞冒充頂戴首先闖上重慶號，情節嚴重，雖然「深堪惋惜」，但也只好從重處罰，重枷枷號一個月，押赴塘沽碼頭事發現場示眾，並在枷滿後永遠監禁，「以敦中英睦誼」。

## 「日本人像豬一般被捆起來了」

1894年8月1日，是個雨天。綿綿的雨，卻澆不滅天津百姓心頭的怒火。

一周前，日本軍艦擊沉了運送清軍的英國商船高升號，近千名中國軍人罹難，而這些軍隊，原駐在天津附近，與天津有千絲萬縷的聯繫。

高升號事件後，中日兩國隨即宣戰。日本公使小村選擇在這個雨天下旗離京，日本駐天津領事荒川已次也選擇同日離津。但荒川已次卻並未按照外交慣例通知中國政府，就攜眷從塘沽登上英商中國航運公司（China Navigation Company）輪船重慶號，第一批走上撤退回國之路。

雨還在下著，旅客們登船後，重慶號依然停泊在塘沽礦務局的碼頭。凌晨0：30左右，船員與乘客均在休息，約30-40名中國士兵突然全副武裝闖到船上。帶隊軍官宣布奉總督李鴻章之命令逮捕所有日本乘客。隨後，清軍持槍搜查每一間艙房。他們將日本領事夫人的兩名女傭拖出來，用繩子捆住手腳。同時也捆綁了一名叫阿原的日本留學生。據外電報導，清軍將捆綁後的人從6英尺高的舷梯上直接拋到碼頭上，從下甲板他們又抓出8名日本婦女，有的人被扯著頭髮拖到碼頭上。

搭乘該船的法國駐華使館武官裴理博上尉，聽到動靜後，就守在自己的門前。他發現中國軍人正在砸各艙室的門，就亮明身分，阻止中國士兵進入他的艙房搜查。中國軍官很配合，告訴他：「噢，我們不想打擾法國人和英國人，我們為日本人而來，我們要殺死他們。」根據這名法國武官的報告，當中國士兵將日本婦女強拖出艙時，日本人拉住西方人請求保護，但士兵用槍托狠砸她們的手臂，再將她們手腳緊緊捆上，繩子都勒進了皮肉，「像豬一樣被扔上了棧橋。」

船長休斯報告說，這些日本人被綁著躺在碼頭上足足2個小時，隨後，另一名清軍軍官來到，檢查一番後下令鬆綁。凌晨4點左右，這些人被中國士兵帶到另一個與海關住處相鄰的煤棚中。隨後，中國

士兵開列了一張日本乘客的個人行李單，命令船員將這些行李集中到前艙。

5時左右，日本人被中國士兵押送回船。船長休斯說，所有日本女人的戒指和髮夾都被搶走，日本領事夫人丟失了250元，其他也有些日本人及歐洲人有財物損失。

英國駐天津總領事寶士德顯然很能理解當時的處境，他在一份報告中說：「現駐紮大沽的部隊是不久前從北塘開來的，他們是高升號上犧牲者的戰友，他們發誓要為高升和操江號的死難者報仇。我無法斷定此間的日本人能否安全脫身。……目前的事態仍使人們憂慮。大沽的駐軍情緒激動，幾近失控。在天津，暴怒的人們指控法國政府幫助日本人，已開始威脅法國人駐地。有必要在英國租界增加巡捕以防止動亂。毫無疑問，急需派遣外國軍艦來此。」

## 意外發現日諜證據

其實，從日後各方資料來看，這次搜查，應當是清軍官方一次有計劃的行動，這不僅體現在時機的把握上，不早不晚，恰好在日本外交官撤離的當天，而且，這次搜查居然查到了日本間諜的密信。

日本著名間諜宗方小太郎在8月4日的日記中記錄，重慶號事件中，「中國兵槍上刺刀，闖入輪船，拘引日本的婦女數名及領事之子至兵營，備加凌虐，捆縛毆打無所不至，且劫去日本人所攜帶之銀錢數百日元之多。」他還透露了一個更重要的內容：「堤大尉致井上少佐之密函亦被搶去」。這封密函，就是化名「堤虎吉」的日本駐天津領事館武官瀧川具和大尉發給日本駐華武官井上敏夫的，中國政府根據此信，一舉破獲涉及高升號事件的石川間諜案等。很難相信，這樣一次相當有針對性的行動，是一群「刁民」冒充國家工作人員所為。

北洋大臣李鴻章與洋教練在天津觀看軍事演習

## 李鴻章生氣了：這點小事也麻煩我？

英國人對自己的商船被清軍搜查十分惱怒。天亮後，重慶號的船長就向英國駐天津總領事寶士德報告了事件經過。

當晚8時，寶士德緊急求見直隸總督李鴻章。出乎他的預料，李鴻章並不把這當回事，他輕描淡寫地說：「噢，登船的不是軍人，他們是一群無賴，為高升事件所激，聽說船上有日本人，便進行了攻擊。」他稱已經命令手下展開調查。

寶士德自然覺得李鴻章在忽悠他，他堅持認為這些人的確是軍人，且有軍官帶隊。寶士德表示，肇事者的身分以後可以慢慢調查，但此事嚴重侮辱了英國國旗，消息傳到英國後，一定會產生惡劣影響，因此最好是中國政府在發布此事件消息時同時發布道歉聲明。李鴻章說：「襲擊乃無知苦力所為，他們對國旗毫無所知。我已經下令要將所有嫌疑人都予以懲處。」

寶士德認為李鴻章實際上並沒接受英國的抗議，便爭辯說，那些

相信在英國國旗下能得到保護的乘客，被中國人拖下船去，因此中國最好能給予書面道歉，對英國國旗表達一些敬意，這樣效果好，而且對總督大人亦毫無損害。

李鴻章不耐煩了，道：「我已經說過我感到抱歉，這還不夠嗎？我將根據中國法律懲處罪犯，我本人和我的國家並未侮辱英國國旗。登船襲擊日本人的是一群為高升號事件所激的無知臣民，他們將受到中國法律的懲處。」

寶士德再三解釋，甚至對李鴻章輕視此事表示遺憾，警告說事態可能會比較嚴重的。李鴻章始終不為所動。寶士德事後回憶說：「在整個會晤期間，我發現與他爭論毫無用處。他用時而懷疑、時而生氣的目光看著我，像背書似地再三重覆同一個句子。我印象特別深的是『根據中國法律』那句話。」

最後，李鴻章喃喃地自語：「區區小事，何需勞神！」寶士德認為多談也無益，便起身告辭。

李鴻章將他送出門時，說：「此事與高升一案不同，高升事件是日本軍官侮辱英國國旗，同時有日軍統帥在場。此事則僅是一小撮無賴瞞過衙門登船滋事。」其實，這正是李鴻章「不耐煩」的真意：日本軍艦公然擊沉英國商船，英國也沒怎麼進行激烈的反擊；如今，連身分都未能證實的中國人只不過在英國商船上毆打了日本人而已，英國人起什麼勁呀？

寶士德於次日（8月3日）即向英國駐中國公使歐格訥（Nicholas R. O'Conor）發去報告。

## 英國公使希望冷處理

歐格訥在接獲報告後，立即向倫敦轉報，並提出了自己的建議：「不必要求補償，但我建議及早向總理衙門表明此舉給中國造成的損害。」

在這場中日戰爭中，以這位中國通為代表，英國在遠東的外交官們，幾乎都是一邊倒地同情中國。歐格訥本人對英國政府在高升號事件中袒護日本，十分惱怒。在他發給倫敦外交部的電報中，直率地指出，英國就高升號事件向中國索賠最終「將損害英國的利益。高升號的沉沒是戰爭留下的最大創傷，被認為是一次背叛行為。英國遲遲不想限制日本，使自己背上了『親日』的重大嫌疑。一旦發現英國又想在中國身上撈取補償，將會極大地傷害中國人的感情，並造成極壞的影響。由於拒絕支持逼迫日本讓步，將會中斷友好關係，使接管重組海軍的希望化為泡影，並將失去一大堆政治及其他方面的利益。」

他說：「若要求中國為自己遭受的莫大損害作出賠償，將會引起強烈的憤懣。我無意從法律的角度判斷是非，因孰是孰非無關緊要。問題是索賠會影響我們在中國的利益。……人們普遍相信，日本是肇事者，中國和英國是受害者，英國應（對日本）予以報復」。

在這樣的外交思想下，歐格訥希望將重慶號事件大事化小、小事化了，以免給本已複雜的中英關係火上澆油。

## 盛宣懷大義凜然

正當直接當事人英國人都想冷處理時，美國人卻在重慶號事件中橫插一槓。

天津海關道盛宣懷對美國的要求進行了雄辯的反駁

中日甲午戰爭爆發後，美國受中日兩國委託在對方國家裏保護僑民利益。重慶號事件後，日本人顯然向美國人鳴冤叫屈了。8月13日，美國駐天津領事李德向李鴻章提交了一份文件，轉達美國駐華公使田貝的要求：中國應對日本領事夫人在重慶號事件中的損失進行加倍賠償。根據他們的報告，日本領事夫人在事件中丟失了250元。

這樣的枝節問題，本就是無法考證的，何況李鴻章始終拿高升號的榜樣做對比。在李鴻章的授意下，天津海關道盛宣懷於次日（8月14日）受命答覆李德，對美國的要求進行了雄辯的反駁。盛宣懷首先指出，日本渝盟肇釁，該國駐津領事在宣戰之後不向中國政府聲明即自行離開，不在保護之列，所失物件中國本不應賠償。但考慮到重慶號係英國旗號，「匪徒不應冒充官兵擅行登船搜查。是以北洋大臣一聞此事，即飭地方文武訪拿為首之人，照例懲辦。務請船上搭客所失物件追還。將來獲犯，如果原物毀棄無存，亦必追賠原價。」所以，美國要求的將日本領事失去各物，由中國按倍價賠補，「北洋大臣無不可以允准」。

盛宣懷而後話鋒一轉：「但高升輪船亦係懸掛英旗，日本於未經宣戰之先，用炮擊沉，傷斃中國千餘人，並失去銀物等項，按照公法理應分別恤償。查高升沉沒在重慶失物以先，總須日本將高升傷斃人命遺失財物恤償之後，中國方能將重慶失物一案按照實價賠補。」這是將高升號與重慶號兩事件的情況進行了對比，傷亡如此慘重的高升號尚且沒有任何賠償，重慶號事件相比之下又算什麼呢？這封函其實道出了李鴻章面對列強那種勢利、偽善的無奈和憤懣。

這封函對於美國人的要求，佯為接受、實為拒絕。史料沒有記載美國方面的反映，其實，美國人已經足夠對日本人有個交代了，沒必要對中國言之在理的東西刨根問底。

中英雙方隨後達成了一項妥協，即由中國方面象徵性地向英國國旗道歉致敬。這就發生了本文開頭所描述的中國以最高軍禮向英國商船致敬。

## 英國出兵中國？

就在中國政府向重慶號以軍禮致敬道歉之前4天，上海的英文報《字林西報》（North-China Daily News）於1894年11月10日刊登了一則震撼性的新聞，內容是英國公使歐格訥奉命向中國提交最後通牒，如果7日內中國不就重慶號事件做出適當補償，英國艦隊將進行報復。根據該報的報導，不僅索要的賠償數額遠超出最初要求，也不僅大沽炮臺要鳴禮炮21響向重慶號道歉，英國方面還要求立即罷免盛宣懷，並派6000名印度士兵來華保護通商口岸的英國僑民。

這則聳人聽聞的忽悠報導，是《字林西報》的又一「傑作」。《字林西報》的報導令歐格訥十分惱怒，弔詭的是，他並不責怪英國編輯人員的疏忽，反而認為這樣的「惡意曲解」一定是盛宣懷在背後搗鬼，施「苦肉計」，目的是以「外侮犧牲品的形象贏得仇外者的同情」，以「逃避其長期所犯的經濟罪行」。

盛宣懷被人認為用假消息引導輿論，此後還有一次「大手筆」。庚子年義和團作亂，各國在華軍隊紛紛戒備，據說促成素來持重的慈禧太后一怒而向八國宣戰的，就是她收到了一份各國的聯合聲明，要求她放棄權力，而據說這份子烏虛有的聲明，就是主管電報的盛宣懷在李鴻章授意下編造的，在當時局勢緊張通訊中斷的情況下，以激化多為保守派的朝中掌權者們與西方之間的矛盾，為李鴻章甲午之後被趕下臺報仇，並重回中樞。當然，這一故事僅見於英人「發現」的《景善日記》，嚴肅的史家對其真實性充滿懷疑。

## 英國人顧全中國面子？

在中國以軍禮方式向重慶號道歉致敬後，法國的裴理博上尉卻依然不依不饒，要求懲罰他所指控的重慶號肇事者。

高升號遇難後，法國軍艦利安門號曾前往救援，而裴理博上尉當時就在利安門號上。作為唯一一位親身經歷了高升號和重慶號事件的人，他指控「重慶號暴行」的現場指揮者，就是高升號上的獲救清軍軍官徐仁和。

中國官方經過調查，否認了裴理博上尉的指控，理由一是徐仁和當晚一晚上都在指揮炮手們進行夜間漲潮時的射擊訓練，沒有「作案時間」；二是裴理博說重慶號事件的指揮軍官頭佩白色頂珠，而徐仁和應佩的是藍色頂珠；三是當晚有雨，辨認困難，裴理博認錯人了。自然，這樣的官方辯解，外人自然也無法求證。

寶士德就根本不相信這樣的說法，他在提交給歐格訥的報告中，認為那些闖上重慶號的士兵們「肯定是奉命行事，而且很可能是誤解了上級部門的命令。」但他和歐格訥一樣，不希望此事進一步傷害中英關係，他擔心英國如果進一步施加壓力「只會導致無辜者受到懲罰，使其成為那些真正應該受到懲罰的人的替罪羊。」要求中國政府賠禮道歉，向英國國旗致敬，就是「對中國官員臉面的猛擊，他們覺得很丟面子，更重要的是，它會影響到那些真正負有責任的人」，這就夠了。

歐格訥贊同寶士德的意見，並認為「中國當局已經公開採取了明顯的補救措施，此事可到此結束。」

一場本可能掀起外交巨浪的重慶號事件，在高升號事件引發著中日英外交大角力的巨大陰影下，因英國人明智地裝了回糊塗，而悄然結束。這艘飄揚著大英帝國國旗的商船，繼續航線在津滬航線上，見證著甲午戰爭的每一幕。而那被判了終身監禁的抗日「刁民」賈長瑞，從此消逝在史海之中，沒有他的任何資料。我寧願相信，在官方把板子高高舉起的表面文章做完之後，這位敢向日本人「該出手時就出手」的「烈軍屬」，會被官方悄悄釋放，只有這樣，大清那本就腐敗而低效的國際知名的司法體系，才會展現出它在特殊情況下的可愛一面……

# 4 巴山號：壓斷大清最後一根脊樑

曾經，從大清國的中央領導到那些喋喋不休的挑剔書生再到那些平頭百姓，都以為船堅炮利是挽救國家利權、實現偉大復興的至要。北洋艦隊和南洋艦隊就是支撐這條巨龍的兩條脊樑。在日本人打敗了北洋艦隊後不久，一直在南方作壁上觀的南洋艦隊，也遭遇了一次沉重打擊。

這一打擊不是來自於軍事，而是來自於外交。一艘英國商船，公然違反中立，為日本走私軍火，在台灣洋面被南洋艦隊查獲後，不僅蠻橫地對抗檢查，最終居然又以中國的賠款道歉而結束。這一次，大清那僅剩的一點點尊嚴，被徹底毀盡，從此不再能挺起脊樑骨。

這就是國際法歷史上又一經典案例巴山號（Pathan）事件。巴山號事件與高升號事件一樣，成為牽涉中英日三國海權的重要事件。

## 南洋艦隊截獲走私船

1894年9月20日下午3點，福建白犬山左近洋面。一艘沒有旗號的神秘商船正向北快速航行，在它的船舷上書寫著船名Pathan（巴山號）。忽然，從它的後方高速出現了一艘大清軍艦，這就是南洋艦隊的主力艦南琛號。

南琛艦是南洋海軍的主力戰艦，曾參加過當年4月李鴻章主持的北洋海軍大檢閱。其與南瑞艦均從德國伏爾鏗造船廠定造。英國人和德國人在軍艦設計理念上有很大的不同，德國人更注重軍艦的裝甲防護，航速只有區區13節，但都是全鋼體結構，排水量達到了近兩千噸，在裝甲防護上相當出色。南琛艦在中法戰爭中曾重創法軍尼埃利艦隊，後在辛亥革命中率先回應，成為民國海軍的主力。著名的民國海軍將領湯薌銘就曾擔任該艦的幫帶（副艦長）。該艦直到民國5年（1916年）被拆解，賣得45萬元用作永豐、通濟等艦的修理費用。

隨同南琛艦巡航的，還有一條「斯美號」商用快船，船身長二百五十尺，純係鋼製，航速高達16節，光緒十二年（1876年）由台灣巡撫劉銘傳集商股設招商局於新加坡購買，同時還有一艘姊妹船名為「駕時」，兩船往來上海、香港，遠至新加坡、西貢、呂宋。後台灣航運業衰敗，兩船便專為官用。

南琛艦是奉台灣巡撫邵友濂之命，前來此一海域設伏，攔截為日本偷運軍火的一艘英國商船。一周前，中國駐新加坡總領事黃遵憲向李鴻章報告說：「有英國船滿載藥彈，本日出口赴倭，就近設法截拿。」此事還驚動了光緒皇帝，他發布聖旨：「英船濟倭，飭令嚴密巡查。」

中國軍艦要攔截的英國商船，正是這艘巴山號。巴山號註冊於莫臥兒輪船公司（印度）名下，船東為古萊特利公司（Messrs, Gellatly, Hankey, Sewell and Co.），租給紐約的巴伯公司（Messrs, Barber and Co.），航運線路從紐約前往亞丁、新加坡、香港、上海及日本的航運線路。

巴山號被發現後，南琛艦以旗語命令其停船，但巴山不停，南琛艦於是放空炮2響，巴山號掛出了英國國旗，依然不停。南琛艦再放2響空炮，該船始停。

南琛艦由三副帶隊，乘舢板登上了巴山號，並取回貨單、船牌（執照），將貨單送到隨行的斯美號上，由斯美號的外籍船長馬理士檢查。

馬理士發現，巴山號有走私軍火的重大嫌疑：貨單上有運往日本的手槍、槍彈等，而且，遍查斯美號上所備的上海新聞公告，巴山號

的航訊並沒有公布，十分神秘。

南琛艦隨即先將巴山號帶到東沙島附近拋錨停泊，拋錨後，袁九皋再命幫帶、三副等去巴山號，查驗軍火。

中國官兵再度登上巴山號，但巴山號船長及大副等人矢口否認裝載了任何軍火。官兵們向英國人出示貨單，英國人卻並不回答，而是討價還價：「如果我們交出這些槍彈，是否就能放了我們？」顯然，英國人的態度十分可疑，基本可以肯定，這條船上一定藏著不可告人的東西。

幫帶宣布對巴山號予以扣留，命令其一同開往台灣，進行調查。

船長拒絕道：「煤不夠燒，不能駛往台灣。」

幫帶說：「你們船上的煤既然能保證開往上海和日本，這裏到台灣只有300多里，怎麼到台灣反而不夠燒呢？」

船長等無話可說，只好接受去台灣。

## 洋人把持的海關態度搖擺

次日（9月21日，陰曆八月廿二）晨4：40時，三船一同出發，斯美號在前先行，南琛艦押著巴山號在後。下午4點，船到基隆，停於口外，報告邵友濂。

邵友濂得訊後，立即電告淡水海關稅務司、美國人馬士（Hosea Ballou Morse），請其命令基隆海關的洋關員前往調查，最好馬士本人亦能親臨。當時，大清海關掌握在以英國人赫德（Robert Hart）為首的「洋幹部」手中，但這些洋幹部依然是大清帝國的雇員，他們給大清帝國建設第一個現代化、高效廉潔的政府機構，來自海關的收入，已經成為財政的最主要來源。

馬士不光是大清的「公務員」，還是位赫赫有名的漢學家，其著作《中華帝國對外關係史》（The International Relations of the

Chinese Empire）及《中朝制度考》（The Trade and Administration of the Chinese Empire）等均為西方漢學經典。尤其在中國的經濟研究中，馬士有頗多建樹，如其首先提出僑匯在中國財政金融體系中的重要作用，一舉解決困擾經濟學界多年的晚清國際收支平衡問題。

馬士是美國人，這在當時為英國人把持的中國海關中比較少見。他從哈佛大學一畢業即考入中國海關，其時年僅19歲。隨後擔任天津稅務司、德籍英國人德璀琳的秘書，中法戰爭期間親赴台灣交換戰俘立下功勞，獲頒清廷的「三等第二寶星」勳章，深受李鴻章欣賞。

1892年開始，他以副稅務司銜署淡水關稅務司，見證並參與了甲午戰爭在台灣的全過程，並對台灣被割讓給日本後的抗日運動進行了詳細的記錄。甲午戰後，台灣官民抵抗割讓，成立了台灣民主國，奉巡撫唐景崧為總統。儘管與唐關係不錯，但馬士拒絕將大清的黃龍旗換成台灣民主國的虎旗，堅持到辦理完交割手續。因此，中國不少研究者責其「媚日」，其實他恰恰是在嚴格遵守職業操守，履行中國政府辦理割讓手續的命令。馬士前後寫給赫德的書信，成為研究這段歷史的重要文獻。

清廷官員和在台外國人的最後撤離，還多虧了馬士的斡旋。當時，日軍已在基隆登陸，淡水成為撤退通道，擁擠在該地區的清軍士兵，因不滿於欠餉，炮擊並封鎖航道，將撤退西方人和中國官員的最後一艘英國商船雅打號（Arthur）困住。隨船內渡的海關銀號人員，將所攜帶3萬兩現銀交出，清軍仍不放行。馬士只好出面談判，確定再加5000元「買路費」。他大膽決策，打破歷來由海關銀號而非稅務司徵稅的慣例，靠向過往船隻徵稅湊齊了該款。同時，為了確保清軍炮臺不「違約開炮」，他要求以該筆「買路費」換取所有大炮的撞針，終於掩護雅打號離台。但淡水炮臺的大炮卻因此而完全失去作用。1907年，在上海擔任造冊處稅務司的馬士，接待了來訪的美國

陸軍部長塔夫脫（W. H. Taft），兩人建立了密切的關係。二年後塔夫脫獲選總統，力邀馬士出任駐華公使，被其以健康理由婉拒。

馬士收到邵友濂電報後，立即命令基隆海關辦理此案，並建議邵友濂盡快通知英國領事，以免引起外交紛爭。隨後，海關進行了現場勘測，發現巴山號是滿載之船，除了舊鐵5000多擔外，另有貨物10000多件。發往日本的貨才數百件，且因該船計畫先到上海再到日本，因此發往日本的貨都在艙底，如果要查，必須把上面發往上海的所有貨物清卸乾淨。基隆碼頭太小，又沒有足夠的駁船和棧房，因此查驗十分困難。該船的確艙深貨重，口外風浪又大，搜查難以得手，查了三天了都沒能檢查完一個艙。

馬士建議邵友濂，應命船長寫下保證，限二個月內在上海將貨單上列明的軍火交出，否則就罰銀1000元。同時，派遣斯美官輪押送，並在巴山號上派駐官兵，一直押送到上海。到滬後把貨卸完，再將運往日本的貨物逐件檢查。馬士認為，不必在台灣長久扣留巴山號，以免英國人提出索賠要求。而至於船上的鐵路物料，因日本鐵路為國有，此不算商家貨物，可在船到上海後請律師查核後予以沒收。

同日，英國領事也會見了巴山船長，船長要求向中國方面轉告：該船到上海已經延誤，如不電告其船主，擔心保險費會額外增加到40000英鎊。該領事據此向中國施壓，甚至表示擔心船長會因情急而自盡。

### 英國領事發出了「最後通牒」

9月26日，邵友濂接到總理衙門明確指示，徹底查清巴山號走私軍火的問題。但這時，傲慢的英國船長居然下令將艙門封閉，拒絕檢查。這在對等的主權國家之間，在面對一國的武裝力量強制檢查的時候，是不可思議的事情，由此亦可見堂堂大清帝國海軍的尊嚴。

邵友濂強硬應對，要求英國領事將船長、大副等人帶離該船，巴山號在清軍押送下，開入港口。馬士對此表示同意：「該船既有違禁之物，即應按照西方慣例派員審斷，領事和稅司一同觀審。」但英國駐台灣領事堅決反對，不予配合，認為既然英國公使已經下令取保赴滬，則中國政府就不該繼續在台灣進行檢查。

9月28日，總稅務司赫德致電台灣，明確表示如查有違禁物，即應扣押船隻，並要求將所有證詞全部送交北京。同為英國人的赫德，似乎對自己的同胞並沒有袒護之意。其實，英國政府也正在為商人們惹出這一麻煩而頭疼不已，此前一天，英國公使歐格訥向倫敦報告：「如確有違禁品，應允許其被查收。」他要求英國領事轉告台灣地方政府，如果起獲軍火，則由中國沒收，其餘貨物也必須取保，然後駛往上海。而此時，江海關卻來份莫名其妙的電報：「該船無錯，應速放行。」真不知這遠在上海的江海關又是如何確定該船無錯呢？

次日，總稅務司再次致電台灣，此次指示更為強硬：只要查出有軍火，無論多寡，應照中立條款進行懲罰，即中國沒收船貨，犯案的西方人則交由英國領事懲處。在對待人員處分問題上，英國外交部門表示了不同意見，要求取保後先將船開往上海。

雙方再度陷入僵局。最後，英國人還是說服了北京。總稅務司9月30日電令，先將「能看見的軍火」扣留，然後派人押送船隻到上海再查，並稱總理衙門已經同意。但這次，總稅務司的命令遭到了邵友濂的反對，他說自己接到總理衙門的命令是「必須將能起之軍火起出」，因此必須先行徹底搜查。

10月2日，邵友濂再度開艙搜查，英國領事卻發出了「最後通牒」，要求在次日中午12點釋放巴山號，並將所有執照、貨單、貨物一併發還，「免礙大局」，甚至發出了「不能再作合好之國辦理」的威脅。邵友濂趕緊報告總理衙門，接到明確指示「槍彈扣留、船隻釋放」，已經同意歐格訥提出的船隻開往上海的請求。

邵友濂認為，巴山號運送違禁品是鐵證，「英使設或偏聽一面之詞，前來饒舌，尚祈鼎力與之折辯。是為至禱！」請總理衙門要頂住壓力。但在強大的外交壓力下，邵友濂只能遵命，停止搜查，將已經搜出的手槍2箱、子彈1箱扣留，其餘起出之貨，予以發還。馬士甚至表示不必派人押送上海。

10月5日，巴山號在海關2名扦子手（Tidewaiter，檢查員）押送下離開台灣。

## 上海貪官也愛國

上海方面，江南蘇松太道劉麟祥已經做好了充分準備，並行文英國總領事韓能，要求其派員一同查驗。他還擔心稅司洋員不可靠，請浙江聶臺派人協助。

劉麟祥此人，亦是李鴻章親信，曾長期擔任江南製造局總辦，是個著名的貪官。擔任總辦期間直接控制採購權，「遂成大弊二端，一則局中需要最多之物料，率由總辦先以廉價購人，而令別人出面以重價售諸局中；一則凡欲售物於局中者，必先由其僕隸或司員引進，乃得與總辦會晤，皆先議私費，而後及正價，凡僕隸司員皆有所沾潤，而皆取償於物價之中」。但在巴山號事件中，貪官劉麟祥其卻堅守國家利權。

10月7日晚，巴山號抵達上海，因吃水過深，暫泊吳淞口，以駁船裝卸，過駁到招商局虹口碼頭。海關為「一昭慎重」，命令過駁時將其所有艙櫃加貼封條，送達碼頭後統一開驗。

10月9日，韓能照會劉麟祥，轉達巴山號代理公司天祥行意見，要求中國賠償非法扣船造成的損失，而領事館亦將「力助」。劉麟祥在答覆中斷然予以拒絕，「本道不能認巴山輪船為中國違例扣留，中國亦不能擔任該船東及船貨因扣留查驗以致現在或將來已受或將受虧損等情。」

10月10日上午7點，海關與蘇松太道等官員到達現場，監督查驗。巴山號上艙運送到上海的貨清卸完畢，發往日本的貨物已經露了出來，但此時，江海關稅務司、英國人賀壁理（Alfred Edward Hippisley）卻另生枝節。

賀壁理於1867年就進入中國海關，任職達40年之久，是晚清有名的「業餘外交家」之一，後來曾協助美國在對華戰略上提出門戶開放政策，《辛丑合約》談判中也竭力斡旋削減中國的賠款。

賀壁理宣稱，發往日本的貨物只要查驗在美國裝船時填寫的貨單就可以了，因為該船在7月28日離開紐約時，中日尚未宣戰，即使有軍火，貨單上也不會隱瞞。只查驗貨單，就可以加快進度，以免耽誤時間長了導致索賠數量增加。其實，既然如此，從台灣到上海又何必興師動眾地要查驗貨物等，貨單早在南琛艦截停之時就已驗看，正是因為有可疑之處才開始搜查。而且，尚未宣戰並不意味著不會填寫假貨單，對日本人來說早已明白中日必有一戰，為慎重起見亦完全可能提前準備。

劉麟祥表示必須細細盤查。賀壁理辯解道：總稅務司也下令細查，但並沒有說是否「須將每包每件逐一開看」，所以要再請示。他還推斷道：如果船上真有軍火，那必然會直接運往日本，豈能先來中國，不合常理。隨後，他給劉麟祥出了個難題：如果地方官堅持開驗，必須提交正式的文件。

皮球又被踢回北京，結果，賀壁理的建議被總稅務司採納。赫德下令：只需英國領事館出具保函，說明巴山號實無日本軍火，就可以停驗放行。但令赫德也想不到的是，英國領事館連保函都不願意出具，韓能答覆稅務司說：中國扣押該船本在情理之外，是繼續扣押還

是立即放行，和領事館毫無關係，領事館不應出具什麼文書，但中國政府應就該船被扣的損失進行賠償。

索賠的要求提出來後，英國人終於將這灘水攪得更渾了。賀璧理對領事館的要求不予答覆，表示說此事歸上海地方官處理。英國總領事館於是直接投訴到總理衙門，總理衙門再把球踢給總稅務司，請總稅務司拿出處理意見。而就在這扯皮之際，10月26日，巴山號在沒有進行必要搜查的情況下，離開上海開往日本。可以肯定，這就是江海關的「放水」行為。

## 大英帝國敲詐勒索

船離開後，英國人就更無所顧忌了。11月9日，英國駐上海領事館正式照會蘇松太道劉麟祥，要求中國對巴山號「違例扣留」之事進行賠償，並提出兩個辦法備選：一是給銀3萬兩了事；二是將各項受損提請仲裁。

劉麟祥回函反問這是根據什麼公法。英國領事館辯解道：巴山號無端被扣，在基隆港又致擱淺，而且被扣14天內貨物被搜查翻亂，損失慘重，到上海後被迫進塢修理。所查出僅3小箱槍彈，「所值無多，何以指為軍火？」。至於劉麟祥所問法律依據，英國反問既然是「中國首先干犯」，則中國應當首先提供法律依據。雙方對「舉證」責任大起糾紛，劉麟祥再度回函，堅持誰主張誰舉證，「應由索償人指證」「中國究違何例」。

12月17日，韓能給劉麟祥發出了一個雷人的照會，說那些被查獲的手槍「專作玩具」，數量這麼少，不能算是「軍火」。同時，他還「教導」中國說：即使要扣押巴山號，也應該將其帶往下一個目的地上海而非基隆。劉麟祥回信很乾脆，認為這些都是「空言無本，牽引失當」，「所有一切責中國不能認受。」

總理衙門在發給歐格訥的照會中，全面批駁了英國的要求：一，根據西方報紙報導，巴山號早已由英國出售給日本，並且支付了全價；二、中立船隻應當提供沒有任何濟敵行為的證據；三，該船長居然拒絕提供貨單、航海日記等；四，在貨單之外查出了沒有申報的炮彈；五、該船長見搜出炮彈後居然私下封閉艙門，不准查驗。

總理衙門質問，這些情況，根據國際公法，中國究竟是否可以強行搜查?! 而國際公法規定，只要查出有違禁品，可以將違禁品連同船一起沒收。中國之所以沒有追查到底，考慮的就是和英國的友好關係，畢竟該船還沒有更換旗號，懸掛著大英帝國的旗幟，總理衙門希望英國「明達萬國事理，必能持平不偏，不使中國於讓權後更受虧損也。」理直而詞卑，無奈至極。

## 皇家法院講「法理」

1895年元旦這天，總理衙門將邵友濂8月份關於巴山號事件的所有來電，轉給英國公使館翻譯朱邇典，同時請赫德出面調停。

赫德告訴歐格訥，此事畢竟是巴山號有可疑情況，而且中國方面事後也沒有徹底搜查便予釋放，希望就此了結。但歐格訥卻倒打一耙，認為應當嚴格按照國際公法執行，中國對可疑船隻當然可以盤查，但巴山號上只有「手槍兩箱，按章不得作為軍火」，其被釋放之故，在於查無軍火，而不是中國的寬容，所以必須賠償。

英國政府向皇家法院提出了諮詢，皇家法官答覆說：雖然巴山號攜帶違禁品，但因為「該船係被帶往一不合理地偏離該船航線的港口，而且既沒有起訴也沒有打算到任何捕獲法庭起訴便被扣留，沒有經過任何審判程序」，所以，「英國政府可有整頓理由支持船主一方提出一合理的賠償要求」。

對於總理衙門照會中的5條理由，英國公使館逐條反駁道：一、

以報紙所稱巴山號已經售予日本為扣押理由，是不充分的，何況報紙的消息來源又是什麼呢？二、關於中立船隻應當提供沒有任何濟敵行為的證據，這是錯誤的，而應當是交戰國發現中立船隻具有濟敵行為的證據後，才能扣押緝拿；三、貨單、航海日記等在海上被攔截時就已經提供了；四、在貨單之外查出了沒有申報的炮彈，其實這些炮彈已經在貨單上了，而且其價值很小；五、該船長見搜出炮彈後居然私下封閉艙門，不准查驗，這是因為該船被扣的十多天裏，兵丁很多，任意搜查，船長無奈才封閉艙門。

根據英國外交部指令，3月9日，英國公使向中國提出了5000英鎊的索賠要求。

## 台灣巡撫痛徹批駁

收到英國的正式索賠要求後，署理台灣巡撫唐景崧對此前的交涉過程進行了全面回顧。

他認為，巴山號在台灣時，英國公使就請求將所查獲槍彈扣留後取保前往上海，這就證明了稽查巴山號是完全合理的。中立國船隻裝載違禁品，無論多寡，交戰國都有搜查的權力。唐景崧激憤地質問：「若謂僅彈槍三箱，所值無多，何以指為軍火？試問槍與彈不算軍火，何物謂之軍火？既可少載，豈不可以多載？當日南琛在洋面既見巴山軍火，確鑿有據，焉能不帶至基隆聽候查驗？該船既無違禁之件，何以先不進口？何以一經查至下艙，即封閉不服查驗？所稱延誤，乃其自取。至先後起驗之貨，不及一艙，何至受損？且受損者究係何物？當未放行之先，何以不指明請驗？茲於放行之後，平空稱物受損，何足為憑？又該船進基隆口時眾目所睹，絕無擱淺之事，該船船主（指船長）亦無擱淺之說，其因何入塢修理，與中國無涉。總之，此案考之公法，中國既有應查之權，即無違例之處，更無認償之理也。」

台灣巡撫唐景崧

唐景崧此人，史評並非很好，台灣割讓給日本後，他還被台民們推舉為「台灣民主國」總統，卻在關鍵時刻拋卻這個「民主國」跑回了大陸。但其在巴山號事件中，如「上海貪官」劉麟祥一樣，的確為國家利權竭力相爭，可見，歷史人物和歷史一樣，都是複雜多面的，不可一概而論。

3月13日，總理衙門回覆英國公使，指出英國方面沒有就去年12月8日中國政府的照會給予任何答覆，建議還是由英國駐上海總領事與上海道就近商談「和平議結」巴山事件。

劉麟祥在3月22日向總理衙門報告說：「歷來中外交涉，領事本以偏袒為能事，以期見好於商人。故遇事必多方辯難，迨知理屈，又以護前不肯自休。再與堅持，即上瀆公使，以致每有尋常之事，亦復重煩鈞署。值此中國多事之際，不免更起要求。」他對總理衙門的兩次照會表示支持，並表示既然交由自己與英國領事館談判，會更認真地研究國際公法，「設法因應，從容理論」。

劉麟祥質問韓能：為何索賠數額由3萬兩增加為5000英鎊（約5萬兩），韓能說因為中國方面沒有答應3萬兩要求，所以已經作廢，而且這5000英鎊還只是船東損失，不包括貨主的損失在內。劉麟祥憤怒地斥責其「得步進步，情見乎詞」。中國政府所聘用的英國律

師，經再三分析，也認為錯在巴山號，斷無賠償之理，於是，劉麟祥一邊繼續援引公法與英國領事周旋，一邊電請中國駐英公使龔照瑗與英國外交部協商。

劉麟祥的強硬，令歐格訥十分不滿。他於4月27日照會總理衙門，以為總理衙門3月13日的照會乃是「知會」劉麟祥辦理賠償，而不是「授權」給他繼續辯駁，劉麟祥「不承認中國有賠償之責」，因此請總理衙門命令其「迅速與總領事議結，切勿再事耽延」。

## 總理衙門「一了百了」

8月1日，總理衙門再度向赫德求援。此時，英國方面的索賠額又「漲價」了，高達6500英鎊。中國駐英公使龔照瑗在倫敦與英國外交部商定，4000英鎊則可結案。英國司法部門還提出，這是意外事件，貨商不能向中國索賠，總算也對中國讓了一步。總理衙門表示，希望「一了百了」，請赫德幫助參謀。赫德提醒說，如果船東能索賠，貨商也一定能同樣索賠，而且美國駐上海總領事已經為美商提出了貨物的索賠要求。

總理衙門決意盡快了結此事，遂電告南洋大臣張之洞，將4000英鎊的賠償款通過匯豐銀行匯給龔照瑗，8月10日龔照瑗即請該輪船公司收領。但隨後，美國、德國均就本國貨商損失向中國提出索賠要求，並為達目的實行了多方威脅……

# 5 蓋爾人號：美國軍火專家日本落網

兩名美國「軍火專家」，號稱不用槍炮，就能從幾英里外擊沉艦船，這樣的故事，即使在今日也是不可思議的。但在1894年的秋天，被日本軍事攻勢頭弄得焦頭爛額的大清政府，不僅相信了，而且由駐美公使館聘用了這兩名「專家」，由外交官親自陪同，秘密護送回國。

這兩名「專家」，一位名叫喬治卡美倫，原為英國海軍上尉、水雷製造者，現已加入美國籍，另一位名叫約翰維爾德，據說在電力運用方面有一種特殊發明，可用於軍事用途。

日本人的情報十分精確。10月25日，也就是中國駐美公使館派人秘密護送兩位美國專家登上英國郵輪蓋爾人號（Gaelic）由三藩市啟航後9天，日本駐美公使栗野慎一郎致電東京，通報了相關情報。雖然栗野認為這兩位美國「專家」無非是趁火打劫的騙子而已，但他還是要求東京在蓋爾人號經停日本港口時，搜查並逮捕這兩名美國人。不知道是巧合還是日本外交官們的特意安排，此時回國述職的日本駐墨西哥總領事島村久，亦搭乘同一艘船，島村在途中也向日本外務省作了情報彙報。

日本政府得到情報後，進行了分析，首先肯定這兩名美國人只是騙子，並不是真正的軍火專家，不可能對日本構成真正的威脅，中國政府居然會異想天開至雇用這種投機騙子，「實在令人可憐又復可笑」。但畢竟中日兩國正在交戰，日本自然不能放任這種「明目張膽的敵對行為」，日本政府決定逮捕這三人。對於那名擔任交通員身分

的中國外交官，日本人認為逮捕他沒有任何問題，畢竟他是敵國人員，並且正在從事敵對活動。但對那兩位美國人，及那艘英國郵船，就相對比較棘手。英國和美國在日本是享有領事裁判權的，如果採用用普通行政方式捕人或者扣船，都會引發一連串的法律和外交糾紛。經過仔細研究國際法，日本政府決心採用軍事處分辦法進行。日本外相陸奧宗光致電正在廣島的總理伊藤博文：「大本營認為兩名美國戰時違禁人，實際上是類似變戲法的技術人員，即使放他們進入敵國，實際上也不會有任何危險，如有加以拘捕必要，不如以採取軍事處分為宜」。

蓋爾人號隸屬於英國歐亞輪船公司，在三藩市和香港之間經營客貨運輸，途中經停日本港口。該船於10月16日從三藩市出發後，11月2日到達橫濱，計畫停泊數日。

11月4日，停留在橫濱港口的蓋爾人號，突然被全副武裝的日本軍艦包圍，其左舷由一艘滿載日本海軍陸戰隊員的運輸艦監視，後方則是兩艘魚雷艇。次日凌晨6：30，一大隊日本海軍士兵、員警、海關官員及翻譯，在海軍中佐竹井率領下，登上蓋爾人號，聲稱搜查戰時違禁品，並要求底艙全部卸貨檢查。

蓋爾人號船長皮爾尼（Pearne）提出抗議，他聲稱船上沒有任何違禁品，而且根據條約規定，類似的搜查應有英國領事館人員及輪船公司派駐該港口的代理人陪同。但在日本軍警的武力脅迫下，蓋爾人號被迫接受搜查。日本人將船翻了個遍，卻一無所獲。

當日下午，日本海軍通知蓋爾人號可以起錨續航，但威脅說不許將此事寫入航海日誌，否則有可能再次進行類似搜查。

原來，就在此前的一天（11月3日），警惕心很強的中國外交官，已經領著兩位美國「專家」，悄悄地轉乘另一艘法國郵船西德尼號（Sydney）離開橫濱了。日本大本營是在11月4日凌晨下令內務大臣野村對蓋爾人號採取抓捕行動的，時間相差不到一天，目標就從日本軍警的嚴密監視下溜走了。

日本人在蓋爾人號上撲了個空，立即趕到西德尼號的下一站神戶採取行動，依然採取軍事檢查的方式。停泊在神戶港的軍艦筑波艦接到命令，立即扣押了剛進入該港的西德尼號，經過一番搜查，兩名美國人連同中國外交官均被逮捕，並且還抄獲了中國政府與美國「專家」之間的協議，「鐵證如山」。三人被押解上岸予以拘禁。

西德尼號船長被這番如臨大敵的軍事檢查震驚了，面對日本人的訊問，船長聲稱毫不知情，以為這三人只是普通乘客而已，所以在橫濱同意了他們上船。日本軍方也不多加糾纏，做完筆錄後，即將西德尼號放行。

為了逮捕這兩名美國騙子，日本軍方已經連續對英國和法國船隻採取了嚴厲的行動，此時，立即對兩名美國人進行了審訊。畢竟這兩位並非真正的軍火專家，幾番過場後，日本人要求美國人寫下保證書，宣誓保證「在中日兩國恢復和平以前，絕不到中國旅行，並且今後絕不和中國政府訂立任何合同」。11月11日，日本人將他們釋放。而那位暴露的中國外交官，則被送往廣島戰俘營關押。

事件發生後，英國外交部門立即採取行動。11月8日，駐東京的英國公使楚恩遲照會日本外相陸奧宗光，要求日本政府說明武裝搜查蓋爾人號的理由，並指出：蓋爾人號的目的地是英國控制下的中立港口香港，日本政府無權對此船進行搜查，這是違反國際法的粗暴行為。

在英國的壓力下，日本將竹井中佐的報告提交給英國駐橫濱領事特魯普（Troup），特魯普將竹井中佐的報告和皮爾尼船長的報告詳加對照，發現在搜查細節的陳述上，雙方有相當大的出入。特魯普認為，對友好國家船隻進行武裝搜查，而且該航運公司在港口內就駐有

代理人，這樣的情況與在公海上行使搜查權是完全不同的，這是違反國際法的。

日本外務省與海軍當局商議之後，向英國公使提出下述覆照：「蓋爾人號從三藩市載一中國人及同行之二外國人駛入橫濱，此三人有以日本為敵對目的而前往中國的嫌疑，該船又有載運屬於他們所有的武器彈藥等嫌疑，故日本海軍對於該船加以檢查；據來照聲稱，因蓋爾人號從橫濱啟航後，向中立國港口航行，認為日本政府無權檢查，此為帝國政府所不能接受。況該船所裝貨物，在上海卸載的也不少，故不能以該船目的地為中立地香港一事，影響帝國政府作為交戰國所應享有的權利」。

針對特魯普發現的竹井中佐和皮爾尼船長在事實陳述方面的出入，陸奧宗光一方面表示將轉給海軍部處理，另一方面也表示相信：「任何交戰國一方的任何一名海軍軍官，都可以奉命進行這種交戰國一方在敵對狀態下被迫採取的搜查」。

英國外交部循例將事件提交給皇家法院，諮詢法律建議，同時，還向大法官提交了駐上海皇家律師兼大英帝國對日法庭代理法官務謹順（William Willkinson）的10條法律意見，務謹順曾長期擔任駐遠東的外交官，對中日朝三國政治十分了解。務謹順認為：根據條約，英國船隻享有在日本水域不接受日本當

坐落於倫敦河濱馬路的英國皇家法院，主要負責審理重大民商案件。

在整個甲午戰爭期間，中、日兩個交戰國與多個中立國發生的多起國際糾紛，其結果凡是涉及中國的，不管有理無理，中國最後都是道歉、賠償了事，而涉及日本的，則多是不了了之。作為親歷者的日本外相陸奧宗光日後在其回憶錄中，認為這正是西方人願意親近勝利者的「勢利」表現。

局檢查或搜查的豁免權，其不應因戰爭狀態而取消；蓋爾人號是從一個中立港到另一個中立港，所以即使此三人真是效力中國軍方，日本也無權扣留該船或從船上抓人。他同時強調，這一事件的關鍵難點是：英國人是否承認日本人在其領海享有比公海更多的權利，是否承認日本可以享有歐洲國家在交戰時的各項權利。

外交部向皇家法院強調，該事件的重要性在於，如果最終允許日本人在日本水域可以搜查英國船隻，則「很難不給中國人以同樣的待遇，不過這當然要有附加條件，以便通過特殊誓約保證，絕不可對這些受到懷疑的交戰者有任何違背文明國家所公認的國際法慣例或人道主義慣例之舉。」

皇家法院並沒有認同外交部門和務謹順的意見，大法官在回函中認為：日本當局所採取的行動是正當的，儘管其炫耀武力可能超出當時的實際必要；英國的條約權利不能阻止日本人在戰時為查明其是否違反中立義務而登上英國船隻。中立國船隻在兩個中立港之間開行，但中途停靠日本港口，日本就有權檢查和扣押船上涉嫌違反中立的人和貨物。因此，「沒有任何理由對日本當局採取的行動提出抗議。」對於外交部函中的其他問題，皇家法院沒有任何回答。

得不到皇家法院的支持，英國政府最後放棄了對此事的任何抗議，日本在這一事件中再度輕易脫身。

在與英國為此事大打筆墨戰的同時，日本又和法國就此發生了糾紛。

法國人比英國人還早提出了抗議。11月5日，法國駐東京公使阿爾曼到外務省要求和陸奧宗光會面，當時陸奧宗光正好往廣島旅行，因而會見外務次官林董。

林董事後回憶說，阿爾曼當時滿面怒容，與他握手時，說此次握手或許是最後一次了。阿爾曼對日本軍隊搜查西德尼號大加責難，要求日本政府做出合理的解釋。林董推脫說：「這一事件是軍方按照軍隊程序處理的，詳細情況尚未得知，但現在是戰時，日本為調查違禁情況而搜查中立國船隻，實在不得已，而且也是交戰國的權利」。阿爾曼得不到圓滿答覆，只好表示，將立即把此事件報告給巴黎。

為了爭取主動，日本外相陸奧宗光立即電令駐法公使曾禰荒助，要求其擇機預先照會法國政府，說明：「日本政府所拘留的人員，是在軍事上具有敵人身分的人，日本政府為自衛起見，行使交戰國的權利，是不得已的。第一，中國所雇用的美國人的技術，係軍事上的特別技術；第二，日本海軍拘捕上述三人，其所乘船只是從一個交戰國的海港（日本神戶）向另一個交戰國海港（中國上海）航行的途中；第三，拘捕上述三人是在交戰國的港內執行的」，因此，「無疑地日本政府的措施是符合國際公法的」。

法國政府在徵求法律專家的意見後，「認為日本政府此次的處置是正當的」。這樣，西德尼號所屬的法國郵船公司此前通過法國領事提出的索賠要求，也就取消了。

兩位美國公民被逮捕，美國政府自然也不能袖手旁觀，通過外交管道要求日本解釋。日本站在國際法角度，對美國做了細緻的解釋後，美國國務卿葛禮山（Gresham）向日本駐美栗野公使表示：「日本政府的處置寬大公正，美國毫無異議。」

一場涉及英、法、美的國際糾紛，被日本化解了。在整個甲午戰爭期間，中、日兩個交戰國與多個中立國發生了類似事件，其結果凡是涉及中國的，不管有理無理，中國最後都是道歉、賠償了事，而涉及日本的，則多是不了了之，陸奧宗光在其回憶錄中，認為這正是西方人願意親近勝利者的「勢利」表現……

小日本戰勝了大中華，這不僅令中國人大為震撼，也令全世界大跌眼鏡。

甲午戰爭的慘敗，令中國開始了全面的反省，研究與學習日本成為時代的潮流。但是，做為戰敗者，我們卻始終局限在自言自語的情境中，乃至沉溺於自怨自艾的情緒中，很少能冷靜地從對方的史料、從對方的角度，來思考日本戰勝中國的理由。

甲午戰爭中，無論是政治、軍事、外交還是輿論宣傳，日本都做了精心的準備，都有著值得當時乃至今日中國人反省、借鑑之處。

遺憾的是，隨著中日之間的恩怨情仇越積越多，前「以日為師」的風尚，早已不復存在，「師倭長技以制倭」更是乏人問津，而我們的「厭日」、「仇日」及「反日」情緒，卻在對日本的日益無知中，盲目的滋生……

# 第3部分

# 帝國宿命

## 中日戰爭背後的博弈

# 1 輿論動員：滿清豈可稱中華

1871年，中日兩國談判《中日修好條規》，過程中出現很有意思的插曲：日本代表團不同意清政府在條約中自稱「中國」，談判甚至因此陷入停頓。

日本方面認為：「中國係對己邦邊疆荒服而言」，要求只寫「大清國」。這樣的要求，被中國代表力拒：「我中華之稱中國，自上古迄今，由來已久，即與各國立約，亦僅只約首書寫大清國字樣，其條款內容皆稱中國，從無寫改國號之例」。

甲午戰爭時日軍將自己打扮成吊民水火的解放者。圖為1894年日本發行的《風俗畫報》，描繪日軍「仁義之師」的嚴整軍儀，宣傳日軍從廢墟中救出中國孩子。

雙方陷入僵局。後經李鴻章親自出面，與日本欽差全權大臣伊達宗城約定：「漢文約內則書中國日本，和文約內則書大日本、大清」。這在表面看是雙方各讓一步，實際上是中國從慣例上讓步了。但日本代表團在謄正時，在其所持漢文本內，依舊用「大清」而非「中國」，導致中國代表團提出嚴正抗議。日本方面辯稱，其漢文本中的「大清」是和文譯文，「不必與貴國正本漢文並視而論」。李鴻章息事寧人，未再堅持。

甲午戰爭前後的日本文獻中，日本人將自己稱為「神州」、「中華」幾乎是一種常態，這成為他們戰時在東亞進行國家形象塑造的基調。日本軍隊所發布的大量文告，都自稱為「驅除韃虜」的解放者，公開號召漢人「絕猜疑之念，察天人之向背，而循天下之大勢，唱義中原，糾合壯徒，革命軍，以逐滿清氏於境外，起真豪傑於草莽而以托大業，然後革稗政，除民害，去虛文而從孔孟政教之旨，務核實而復三代帝王之治。」

日本的「中華」意識宣傳，在當時和此後的中國是起了相當大的作用的。一些西方外交官就注意到，在通商口岸，漢人的抗日情緒便遠低於滿人。英國駐天津總領事寶士德（Henry Barnes Bristow）向倫敦報告說，天津水師學堂的漢人學員，對甲午戰爭前景並不樂觀，甚至認為日本能戰勝也是好事，可以借此推翻朝廷。寶士德為此擔心天津漢人暴動，要求派遣更多的軍艦以備不測。甲午戰爭後，日本不僅沒有成為中國人心目中的仇寇，中國反而掀起了向日本學習的高潮，「亞洲主義」在東亞成為顯學，中日民間關係一度進入蜜月期。

甲午戰爭爆發後，日本著名的啟蒙思想家福澤諭吉發表《日清戰爭是文明和野蠻的戰爭》，認為日本是以「世界文明的進步為目的」，因此這場戰爭「不是人與人、國與國之戰，而是一場宗教戰爭」。福澤諭吉早在1881年就提出，「今以西方諸國威迫我東洋之勢，無異於火之蔓延。然而東洋諸國，特別是與我毗鄰的中國、朝鮮等反應遲鈍，不能抵擋其威迫之勢，猶如木板房子不堪火勢。故以我日本的武力援之，不單是為了他國，也是為了我自己，這一點可想而知。以武力保護他們，以文明開化他們，必須使他們效仿我國，迅速輸入近代文明。」

與福澤諭吉相同，日本另一啟蒙思想家植村正久提出「要把日清戰爭作為精神問題」，認為「日清戰爭的真正動機，是新舊兩種精神的衝突。為了邁入新文明，日本即使在流血，也要揚眉吐氣地向天地神明告白我們的國策。」

而即使在反戰主義者內村鋼三看來，「決定這場戰爭的正是東方和西方都應該遵循的進步主義，為滿洲的中國政府所代表的退步的精神，難道還應該指揮全體東方嗎？」

曾號召「以平等為堡壘、以自由為槍炮」的平民主義代表人物德富蘇峰，聲稱甲午戰爭的國際意義在於「予世界上的頑迷主義者一大打擊，將文明之恩典注入野蠻社會」。

另一思想家三宅雪嶺則主張「日本人應該發揮優異的特性，以彌補白人的缺陷，承擔起引導人類進入極真、極善、極美的圓滿幸福的世界的任務」。

在這樣的自我道德拔高和掩飾下，日本給自己賦予了亞洲解放者和文明傳播者的光彩外衣。在日本明治天皇的對華宣戰詔書中，就有「求文明之化於平和之治」這樣的「導語」，立論上遠比光緒皇帝的宣戰詔書要堂皇高遠得多。這種自我認知，已經成為日本人歷史觀的主流，即使二戰結束的一甲子間，日本思想界和政界雖然認為「昭和（特別是前半期）是悲慘污辱的時代」，但都共同堅信「明治是榮光的時代」，1931年「滿洲事變」（即「九一八事變」）之前的日本對外政策偉大、光榮、正確。

## 外宣工作：「日本料理」西式行銷

作為日本明治維新後第一場對外戰爭，甲午戰爭成為日本邁入「文明國」行列的肇始。在這場戰爭中，日本人十分注重對外宣傳，武士刀為核心的「日本料理」被成功地包裝上了西式的「文明」、「進步」外衣，向全球行銷。

戰爭前，為了拖延從朝鮮撤軍，日本提出將改革朝鮮內政作為前提條件，並邀請中方參與這一改革。在遭到中方拒絕後，日本隨即向中國發出「絕交書」，指責中國的不合作態度加劇了局勢的惡化，日本政府對因此可能發生的各種情況「概不負責」。 日本將其提出的朝鮮內政改革案，作為進步與落後、文明與愚昧的一場較量，向西方強力推銷。為此，日本秘密聘用了英文版《東京時報》（Tokyo Times）的美國編輯豪斯（Edward Howard House）為其捉刀。58歲的豪斯曾是《紐約論壇報》（New York Tribune）記者，自1870年就在日本生活，深得日本政界和軍界賞識，成為向西方發動宣傳戰的不二人選。

西方對日本的朝鮮改革案大為激賞。《紐約先驅報》認為：「（日本）在朝鮮的作為將有利於整個世界，她一旦失敗將令這一隱士之國重回中國野蠻的統治。」《三藩市檢查者報》（San Francisco Examiner）的社論，則指責中國將朝鮮控制得如此死板，令「這個可憐的國家似乎並不存在，她的一千萬人民的任何野心都會被輕輕撣去，這是中國的一個毫無色彩和低能的翻版。」

日本人的公關，贏得了大多數歐美媒體的支持，將其作為進步的象徵，「美國公眾毫無疑問同情日本，一般認為日本代表著亞洲的光明和進步。」（美國《亞特蘭大憲政報》，Atlanta Constitutions）。美國媒體開始誇耀是自己將日本引進了西方的文明世界，堅稱日本接受和複製的正是美國的體制和理念，將日本稱為「東方美國佬」

（Eastern Yankee），儘管日本實際上受到英法德等歐洲國家的更大影響。

當時德國社民黨（the Social Democratic Party）的主席貝蓓爾（August Bebel）在議會演說時認為，德國公眾普遍對日本這個小國家敢於挑戰龐大的中國、並不斷贏得勝利而十分欽佩，一些德國報紙已經將日本稱為「東方普魯士」。

美國歷史學家赫蘭德（Douglas Howland）最近對甲午戰爭的研究也表明，日本被看成「文明國」，而中國依然被看成是「野蠻國」，這在當時是西方社會的普遍觀感，並認為這一觀感至今還影響到世界歷史學界對甲午戰爭的評價。

在日本的國家形象塑造中，除了運用「文明」、「進步」等普世價值觀自我包裝和拔高外，在技巧上對西方媒體採取了主動接納、積極利用的姿態，身段相當柔軟，手腕相當嫻熟。

起初，日本官方、尤其軍方並沒有適應新時代的資訊傳播方式。當西方媒體紛紛申請隨軍採訪時，日本軍方秉承傳統習慣，斷然予以

浮士繪：日軍重視對外宣傳，圖為日軍在牛莊為衛生兵救死扶傷攝影。

拒絕。同時，日本當局試圖加強新聞控制，甚至對美國海軍官兵經由日本發回美國本土的所有信件，實行檢查乃至塗改，這令美國人相當不滿。

戰爭爆發後僅一個月（1894年8月），日本一線外交官換人，哈佛大學畢業的日本外交官栗野慎一郎（Kurino Shinchiro）出任駐美公使，他推動日本「外宣工作」進行了重大調整，效率大增。

在栗野慎一郎及駐英國兼德國公使青木周藏（前任日本外相）等的推動下，西方記者立即得到了隨軍採訪的許可。德國學者的研究表明，僅從日本出發的記者，就有114名，另還有11名現場速描記者（當時影像主要靠畫師繪製）和4名攝影記者。

為了爭取西方媒體，栗野慎一郎還親自撰稿，並組織日本外交人員以及學者，積極向美國報刊投稿。華盛頓、紐約、三藩市等地的日本外交使團，成為新聞策劃中心。青木周藏也在英國和德國進行了大量的媒體公關。

日本告訴中國：「來吧，讓他們看看我們也和那些發達的基督徒一樣。」刊於1894年8月美國《芝加哥導報》

日本的宣傳攻勢，首重為其國家政策辯護。他們向歐美讀者痛訴中國如何阻撓日本在亞洲推行西方文明的努力，給歐美民眾造成一種強烈的感覺：中國的頑固僵化才是造成危機乃至戰爭的根源。日本學者向美國人解釋說，日本正在努力喚醒千百萬昏睡的中國人的靈魂。

其次，日本大力宣揚中國威脅論，將中國描繪成一個可怕的龐然大物。在日本影響下，一些西方媒體在報導清軍調動時，甚至想當然地形容「中國軍隊人數如同蝗蟲般多」。中國的軍力被大大誇大，美國《春田共和報》（Springfield Republican）計算說，即使日本人每天殺掉一千名中國人，要殺光中國人也要一千五百年之久。由此，日本將自己包裝成一個挑戰邪惡的龐大帝國的勇士。在這樣的形象反差下，當日本在軍事上獲得勝利時，西方人的驚詫和敬佩便更為強烈。

英國駐華盛頓公使館的秘書塞西爾（Cecil Spring-Rice），認為栗野慎一郎的確十分精通「美國式的詭計」，嫺熟地利用美國媒體。在日本的推動下，加上甲午戰爭本身涉及到遠東國際秩序的重大調整，吸引了西方媒體的極大關注，這是第一次來自東方的消息經常佔據報紙的主要版面，各報刊從中日雙方的民族特性、歷史演變及軍事能力，進行了全面報導，中國「副皇」李鴻章和日本將軍們的名字和漫畫形象，在西方一時家喻戶曉。

日本人緊緊抓住西方社會的特點，十分重視對歐美民眾、而不僅僅是官方的公關。1900年，日本政府還將甲午戰爭期間所收到的一百六十一封德國民眾的賀信，結集出版了《在對清戰爭中德國人對日本的祝賀》（Deutsche Gluchwunsche an das siegreiche Japan im Kriege gegen China）一書，以日、德文字發行，成為「公民公關」的成功範例。

中日兩國在歐美的僑民，也自然成為西方媒體關注的對象。尤其僑民人數眾多的美國，報刊對此進行了深入的採訪。兩國僑民成為國家形象的第一代言人。

當中國政府對海外僑民的力量不聞不問時，日本駐外使館對當地日僑進行廣泛的動員。美國各主要城市的日僑組織了愛國聯合會，傳

閱戰爭公報，並為戰爭募捐。年輕學生沒有經濟能力，就組織起來進行軍訓，「用美國步槍武裝自己」，隨時準備回國參戰。這些自信的日本人表現出高度的參與感，「急切地想與見到的每一個美國人探討東亞政治」，他們的「愛國激情」贏得了美國民眾和媒體的讚歎。在美國的部分城市，美國本地人甚至與日本僑民聯合起來，抵制中國商人和中國貨。

海外華人則對祖國的戰爭表現了相當的冷漠。《波士頓環球報》（Boston Globe1）感慨道，在美華人照常營營役役，每天拜佛圖發財，並沒有人關心遙遠祖國的戰爭。《亞特蘭大憲政報》曾採訪一個名叫山姆・辛（Sam Sing）的華人，當被問到這場戰爭對海外華人有什麼影響的時候，他說：「沒有任何影響呀，我們一樣忙於洗衣賺錢，不會去參戰。中國皇帝要我們去參戰，我們才不去呢。」

兩國僑民形成的鮮明對比，刺激了美國媒體，他們普遍將中國人視作討厭的「東方黑鬼和猶太人」。美國學者甚至修正了當時最時髦的人種學，這種學說原宣稱中日都是低劣的蒙古人種（Mongol Race），日本只是這一劣等人種中最優秀的成分而已。新理論則認為日本的全面西化已經令他們進化成了東方的「盎格魯—薩克遜人」。日本的歷史、文化等，也開始在西方成為普通人關注的話題。

# 2 危機公關：炒作日軍「文明之師」

在甲午戰爭中，日本遭遇了兩次公關危機。

第一次是在戰爭前夕，日本軍艦在朝鮮海面打沉了運送清軍援兵的英國商船高升號，導致千名中國軍人和歐洲船員死亡。當時中日兩國並未宣戰，高升號由英國船員駕駛，且飄揚著英國國旗。高升號事件引發西方社會譁然，死傷慘重的英國更是群情激奮，軍方要求對日本採取軍事報復。德國在倫敦的觀察員注意到，「此事件給英國報紙大量提供了責難日本的材料。該國報紙不斷建議政府，要求日本對英國國旗施加的橫暴行為，給以賠償。」日本駐英國公使青木周藏則緊急致電日本大本營，報告說倫敦的「所有報紙皆載有此事，並唱反對我國之說」，這對日本精心營造的國家形象是重大打擊。

被海軍的鹵莽行動弄得措手不及的日本政府，實施了一連串的緊急公關行動。在輿論對己相當不利的情況下，日本政府一是沒有迴避，立即向英國表示，如確係日艦違反公法，則日本政府將給予賠償，先將英國官方穩住，避免事態惡化；二是全面收集情況，包括各種不利消息都在第一時間傳回大本營，以及時掌握真實動態，沒有出現報喜不報憂的情況；三是迅速進行官方調查，對所掌握的第一手材料進行有針對性的剪裁，形成對自己極為有利的調查報告；四是捨得投入，在人力、物力、財力上下功夫，試圖引導和改變英國輿論。日本的外交文件真實地記錄了青木周藏要求追加「特別經費」用於「友好媒體」公關的請示。英國的多名國際法學界泰斗，先後在報紙上為日本辯護，認為日艦擊沉高升號是合理的，責任不在日本方面。

日本的防守反擊策略十分有效。9月份大東溝海戰後，日本就明顯感覺到「英國人民在牙山戰役前對我國所懷的感情，現在已是如何的大為改觀」。《泰晤士報》說：「日本的軍功不愧享受戰勝者的榮譽，吾人今後不能不承認日本為東方一個方興未艾的勢力，英國人對於這個彼此利害大體相同、而且早晚要密切相交的新興島國人民不可絲毫懷有嫉妒之意。」《帕爾美爾報》說：「往日是英國教導日本，現在應該是日本教導英國的時候了。」對此日本外相陸奧宗光感慨道：「見到炮火相接，勝敗之局已定，驟然褒揚戰勝者，貶責戰敗者，實在是人情的弱點。」

日本人遭遇的第二次公關危機，是旅順大屠殺帶來的。

日軍攻佔旅順後，進行了慘絕人寰的大屠殺，隨軍的西方記者們、尤其《紐約世界報》（New York World）的克里曼（James

1895年旅順大屠殺現場照片，由英國記者攝製。

Creelman）進行了大量的報導，震撼世界，一時，有關日本是「文明國家」的聲調急劇衰退。

大屠殺後的旅順，日軍在挨戶搜查（日本油畫）。

面對西方輿論的不利影響，日本政府開始全面公關。他們首先將這些屠殺行為解釋對中國軍隊的殘忍行為進行的正常反應。西方報刊開始連篇累牘地報導說，日軍在攻佔旅順時，發現此前被清軍俘虜的日本士兵，都被殘忍地殺害並遭到肢解。美國自由撰稿人卡蓬特（Frank G. Carpenter）為日本辯護道：「即使軍紀嚴明的美國軍隊，在同樣的情況下，會與日本軍有區別嗎？」美軍上校格里高里（E. F. Gregory）也在報端撰文，認為「無論如何，戰爭畢竟是戰爭」，在美國內戰、普法戰爭以及俄土戰爭中，都有過同樣血腥的事件，怎麼就非揪住日本人不放呢？日本的辯護者們認為，旅順大屠殺只是一次過激的以血還血的報復而已，那些「以為日本人回復到野蠻狀態的說法是荒謬可笑的」。

西方媒體普遍對旅順大屠殺所持的寬容，正是得益於日本對媒體的開放態度。假做真時真亦假，日本充滿自信的、積極主動的開放，令其比作為受害者的中國更容易實行媒體公關，這或許可算是日本從開放中嘗到的一個甜頭。

浮士繪：日軍佔領威海衛劉公島

但克里曼對旅順大屠殺所進行的長篇揭露，影響極大，日本人憤怒指控他的報導誇大其辭，擔心其會影響美國及歐洲國家政府的態度，但並沒有記錄表明日軍對他隨後的採訪採取了任何限制。美國政府特別要求駐日本公使譚恩（Edwin Dun）對克里曼的報導進行核實，調查範圍遍及目擊慘案的在旅順西方人和隨軍的西方軍事觀察員，雖然都證明日軍暴行屬實，但美國政府並不贊同克里曼報導的「新聞導向」，其調查結論依然認為報導過於極端。

美國政府的態度激勵了日本當局，他們開始也更積極的形象重塑。在經過血戰攻陷另一大軍港威海衛後，日本實施了一場大規模的「行為藝術」式的宣傳。他們的戰地紅十字會給受傷的清軍提供醫療服務，並釋放了所有俘虜，還給他們發放兩天的食物。對於戰敗自殺的丁汝昌，日本給予很高的禮遇，准予北洋軍艦康濟號在北洋高級軍官們護送下，載運丁的靈柩離開威海。

所有這些，都在西方記者和軍事觀察人員的眾目睽睽下進行，並通過公開的報導和秘密的情報管道向全世界傳播，大大扭轉了旅順大屠殺造成的惡劣形象。英國法學泰斗胡蘭德（Holland）就盛讚這是日本作為成熟的文明國家的標誌性事件。

值得注意的，這支「文明之師」中的很多成員正是參與了旅順大屠殺的同一批人。

# 3 第四權力：媒體也是戰鬥力

日本人對西方媒體的圓熟運用，根基於其國內當時已經相當成熟並獨立的媒體機制。明治維新後，西方的媒體觀念和運作方式被引進日本。媒體獲得了相對獨立、不被政府（此處指狹義的行政機關）隨意干涉的地位，被稱為「第四種權力」（The Fourth Estate）。

甲午戰爭後不久（1899年），松本君平出版了其影響日本和中國新聞學的奠基之作《歐美新聞事業》，鮮明地提出：在貴族、僧侶（歐西之教徒）、平民這三大構成國家之種族外，新聞記者是第四種族，並將此「第四種族」抬高到無冕之王的高度。他說：「今者，無論貴族也、僧侶也、平民也，皆不得不聽命於此種族之手。彼若預言，則可以征國民之命運；彼若裁判，則可以斷國民之疑獄；彼若為

浮士繪：日本實行立憲後，媒體在社會中扮演重要角色。圖為1890年日本召開國會。

立法家，可以制訂律令；彼若為哲學家，可以教育國民；彼若為大聖人，可以彈劾國民之罪惡；彼若為救世主，可以聽國民無告之痛苦，而與以救濟之途。其勢力所及，皆有無窮之感化，此新聞記者之活動範圍也。」

媒體的相對獨立，對行政當局形成了巨大的制衡。陸奧宗光在其回憶錄中說，在眾議院中佔多數的反對黨，曾比政府更激進地鼓吹向朝鮮進軍，甚至準備彈劾「軟弱」的政府。不堪「干擾」的政府乾脆解散了議會，但反對派卻利用媒體，更猛烈攻擊政府的「因循誤事」。日本的《國民新聞》甚至揚言，如果政府屈服於清國，則「國民將趨於反動、乃至大大地反動，而且也將使國民的輿論沸騰起來」，其言論尺度已接近於煽動。

甲午戰中，日本的媒體積極參與戰爭報導，《東京日日新聞》、《國民新聞》、《郵便報知新報》、《大阪每日新聞》、《每日新聞》、《讀賣新聞》、《二六新聞》和《中央新聞》等，紛紛派出隨軍記者。官方對媒體的開明姿態，獲得媒體的主動配合，美化戰爭、

浮士繪：成歡戰役，圖的右下方描繪的是日本戰地記者正在採訪和寫生。

美化日軍，成為日本媒體的自覺行動，有效地凝聚日本的民心士氣。

反觀中國，官方和民間對國家形象的塑造、對媒體的運用均相當漠視和遲鈍。

在高升號事件中，中國駐英國公使龔照瑗即提醒李鴻章，事件的解釋多出自日本人之口，這是危險的，中國應加強在海外的輿論宣傳。但清廷的作風相當僵硬，自以為正義在手，坐等英國對日興兵問罪，結果，眼看著日本人將原本親華的英國輿論徹底扭轉。甚至在外交手段方面，中國的表現方式也相當老舊。史料記載，為了與美國國務卿葛禮山（Gresham）搞好關係，中國公使楊儒總是想方設法接近葛禮山的夫人和孩子，從私情入手；而日本公使栗野慎一郎則天天去辦公室拜訪，互相交換資訊，從公誼下工夫。

德國學者認為，中國對西方媒體完全持排斥的態度，不允許任何一名記者隨軍，軍事顧問是僅有的隨軍西方人員。而日本則不遺餘力地抓住每一個能宣揚自己的機會，這導致兩國的國家形象出現了巨大落差。

中國不僅不允許西方記者隨軍採訪，也沒有為任何一家中文媒體簽發採訪證，媒體的對外宣傳、對內動員功能被棄置，導致中文媒體的報導甚至比西方媒體更滯後、更不可靠，甚至出現錯誤報導。鉗制媒體的後果是不僅封住了自己的喉舌，也導致了對政府更為反感的情緒蔓延。

而當時各口岸的中文報業，正處於高速起步階段，多在租界內辦公，有的本身就是西方人經辦的，清政府要控制「新聞導向」是相當困難的，其報導的自由空間遠高於日本同行。但中文報紙依然自覺過濾新聞，熱衷於報喜不報憂。平壤之戰，清軍大敗，守將葉志超諱敗報捷，從官方到媒體一片聲地喝采，成為國際醜聞。

即使面對戰敗恥辱，中文報紙仍有本事找到嘲諷日本的「新聞

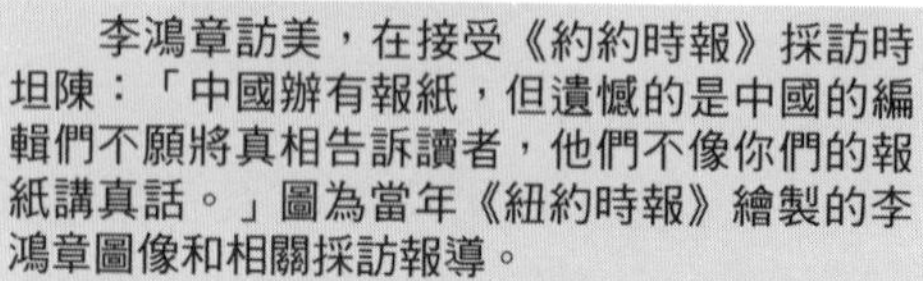

李鴻章訪美，在接受《約約時報》採訪時坦陳：「中國辦有報紙，但遺憾的是中國的編輯們不願將真相告訴讀者，他們不像你們的報紙講真話。」圖為當年《紐約時報》繪製的李鴻章圖像和相關採訪報導。

眼」。北洋舊艦操江號被日軍俘獲後重新使用，《申報》、《字林滬報》等先後發文，嘲諷日本將「既小且舊，為中國所不甚愛惜」的破船當作寶貝，還為如此小事奉告先祖，「言詞誇誕欺及先人」，先人「泉下有知，當深恨子孫之國祚將傾，為之痛哭流涕矣，祭告胡為者？」對日本的無謂嘲諷充斥中文報章，而在日本報紙上常見的紮實的社會調查報告，卻難覓蹤跡。

甲午戰爭後，受謗深重的李鴻章出訪歐美，在接受《紐約時報》採訪時坦陳：「中國辦有報紙，但遺憾的是中國的編輯們不願將真相告訴讀者，他們不像你們的報紙講真話，只講真話。中國的編輯們在講真話的時候十分吝嗇，他們只講部分的真實，而且他們的報紙也沒有你們報紙這麼大的發行量。由於不能誠實地說明真相，我們的報紙就失去了新聞本身的高貴價值，也就未能成為廣泛傳播文明的方式了。」在中國的精英——官員們無力干預媒體的時候，中國的另一批精英——報人卻自覺地開始擔負起輿論保姆的身分。

平壤戰役的假新聞，通過路透社（Reuters）傳往全球，給這家通訊社帶來相當大的影響。真相澄清後，美國媒體轉而更多地依賴合眾社（United Press Service）供稿。假新聞對中國的形象造成進一步的傷害，美國《輿論》雜誌（Public Opinion）對從波士頓到三藩市

的主要媒體的編輯們進行了民意測驗，結果顯示日本贏得普遍的尊重，並多被視為平等的文明國家。

甲午戰後，中國掀起了向日本學習的高潮，其中，新聞學也如同軍事一樣，成為熱門之一，隨著民國的建立，現代的國家形象塑造也開始蹣跚學步了。

# 4

# 「未能事人，焉能事鬼」

甲午戰爭，中國不僅輸在軍事上，也輸在外交上。中日外交之戰，實際上是「鬼使」與「神差」之間的一場不對等決鬥。

1876年，甲午戰爭前十八年，郭嵩燾受命出使英倫，成為中華帝國以平等身分派駐海外的第一個使節。在他的家鄉湖南，「憤青」們認為他無異於漢奸，有一幅痛罵他的對聯也從此成為千古絕唱之一，其聯曰：「出乎其類，拔乎其萃，不容於堯舜之世；未能事人，焉能事鬼，何必去父母之邦。」鄉親們痛恨他出洋「事鬼」將辱沒鄉梓，要開除他的湖南省籍，甚至揚言要砸了他的房子。親朋好友也多認為他「文章學問，世之鳳麟。此次出使，真為可惜」，「以生平之學行，為江海之乘雁，又可惜矣」。基於「民憤」的「打砸搶」事件雖然沒有發生，但郭嵩燾從此成為「湘奸」，並在他的有生之年聲名狼藉。

在歷史上，「天朝上國」遣使藩屬和四夷，不是宣揚皇恩（最壯觀的是鄭和下西洋）、便是羈縻遠蕃（比如漢唐的和親政策），除非要在邊疆推行所謂的「改土歸流」（實際上將自治半自治的邊民政權納入中央行政體系），從來沒有對外派駐常任使節的規矩，也不接受夷狄們派駐使節，外夷來華朝貢均不許久留。

第二次鴉片戰爭後，列強要求向北京派駐外交官，居然比割地賠款還引起更大的輿論反彈，擔心洋人們「不守臣節」，但在列強的槍炮面前，大清國只好放棄原則，「洋鬼子們」便堂而皇之地在天子腳下駐了下來。

西方使節進來了，中國卻堅持不外派使節。郭嵩燾放洋，也是無奈之舉。此前中英之間發生「馬嘉理案」（又稱「雲南事件」或「滇案」），英國駐華使館翻譯馬嘉理（Margary），擅自帶領一支英軍由緬甸闖入雲南，開槍打死中國居民，當地人憤起反抗將其打死。英國借此事件，強迫清政府簽訂了《煙臺條約》。根據該條約，中國應派欽差大臣到英國「道歉」，並任駐英公使。

選派使臣出洋，不僅要懂洋務，而且要願意出洋。這在當時是相當困難的，備選的人並不多。郭嵩燾同意出使，其實也是這位開明的洋務派官員的公忠體國，他自陳「以為時艱方劇，無忍坐視之禮」。即便這樣，朝廷還要「摻沙子」，加派了一個極端保守者劉鴻錫作為他的副使，以收鉗制之功。我們看看這位副使此後對郭嵩燾的指控，就可以知道他的外交水準：他指控郭參觀炮臺時居然披洋人衣，「即令凍死，亦不當披」；郭在柏金宮殿聽音樂時，屢取閱音樂單，仿效洋人所為；郭在見巴西國主「擅自起立，堂堂天朝何至為小國主致敬？」，舉手投足都是罪狀，極盡磨勘刁難。

中國外交官不僅被士林視為「鬼使」，在官僚體系的設計上，也被作為「等外品」處理。根據清廷的相關規制，外交官並非實職，而只是「出使某國欽差大臣」，臨時差使而已。清承明制，「實職」與「差使」有天壤差別，「實職」乃是經過吏部銓敘的經常性官職，被納入升遷考核的完整體制，而「差使」則是臨時性的差遣，等於是現代的「出差」，差使完成仍回原職。最典型的「差使」有所謂的「巡按」（清初廢止）以及派赴各地的考官、學政，學政的差使時間很長，三年一任，任滿官復原職。

外交官只是作為「差使」，而且在制度設計的時候，沒有明確「銷差」回國後的「政治待遇」，這一放洋就是多年，與官場的聯絡自然要稀疏乃至中斷，對官員的升遷有相當不利的影響，出任「鬼使」無疑是自斷前程。

使節之外，隨員更為難得。當時的洋務人才本就不可多得，制度設計上又沒有「給出路」，郭嵩燾以降的各駐外使節，其遴選隨員均十分困難，朝廷便只好將駐外使館的人事權悉數下放以為彌補，但這又造成各使節自行其政，外交官職銜混亂，發展到後來各使館冗員充斥，外交經費浪費浩大。

直到八國聯軍侵華後，在列強逼迫下，總理衙門改組為外務部，外交官才被納入實職序列，職業化外交官隊伍的建立才算真正開始，中國外交方告別「鬼使」時代。圖為清末載澤夫人身著洋裝與身著旗裝的外國使節夫人合影。

這樣的局面，一直維持到八國聯軍侵華後，在列強逼迫下，總理衙門改組為外務部後，外交官才被納入實職序列，責、權、利才統一起來，並對各使館員數、品秩、等級、月薪及出使各大臣應支經費制訂詳細章程，職業化外交官隊伍的建立才算真正開始，中國外交方告別「鬼使」時代。

「鬼使」時代的中國外交體系，被看作類似前朝「理藩院」的「統戰機構」，地位低下，難有作為，在國家大事上並沒有什麼發言權，在加上人才缺乏、庸人氾濫，對於外交事務多奉行鴕鳥政策，大事化小、小事化了，勉強維持「洋務」，自然難以為國家戰略決策提供重要意見。晚清相當多的涉外事件，尤其是義和團動亂等大事件，雖然本質上是中外、民教之間的利益衝突，但中國外交官的顢頇、因循怕事，未能防患於未然，也是造成衝突不斷擴大的主要原因之一。

# 5 「霞關外交，料亭政治」

日本政界有句俗語：「料亭政治，霞關外交」，意思是說政治多在料亭飯桌上商討，而外交則在霞關決定。霞關位於東京千代田區南部，在江戶時代前是大名屋敷林立的地方，明治朝至今被外務省使用，成為「日本外交」的代名詞。

「霞關外交」有一個重要的日本特色：外交是一切政務之首，實施政府的整體外交。

與中國心不甘、情不願地設立外交機構，卻又將它作為政府的「盲腸」部門不同，日本在明治維新開始的時候，就將外務省確定為六部之首。1869年明治政府頒布法令，成立外務省，由明治天皇的親信、王政復古政變的首腦岩倉具視（Iwakura Tomomi，1825-1883）親自掌管。岩倉隨後就組織大久保利通、木戶孝允、伊藤博文等重要官員一同訪問歐美，探求改革之道，希望與西方修改不平等

外務省比日本其他政府部門吸引了更多的精英人士。比如後來在國際舞台上縱橫捭闔的小村壽太郎（右）、青木周藏（左）等人。

條約，這就是日本歷史上著名的「岩倉使團」。 岩倉使團出國訪問歷時長達二十二個月，等於現政府高官集體出國留學，這在世界外交史上也是罕見的。

日本賦予外交以國務之首的地位，主要是因為明治時期的首要國家目標，就是廢除與西方簽訂的不平等條約，因此，歐美外交實質上也是頭等內政，外務省則是銜接內政和外交的樞紐。

在這樣的政策導向下，外務省比日本其他政府部門吸引了更多的精英人士。值得注意的是，大量的貴族子弟紛紛負笈歐洲，留學歸來後多進入外務省工作，比如後來在國際舞臺上縱橫捭闔的小村壽太郎（Komura Jutaro）、青木周藏（Aoki Shuzo）、珍田舍己（Chinda Sutemi）等人。貴族子弟因與朝廷有著千絲萬縷的聯絡，通過他們，日本的外交優先理念更深地滲透到各個方面，重視國際關係成為整個執政階層的自覺意識。

到1890年代，日本與西方修約的工作進入高潮，外務省更是吸收了東京帝國大學法學院的大量畢業生。東京帝國大學的法學教授鳩山和夫（Kazuo Hatoyama）應外相井上馨（Inoue Kaoru）邀請，出任外務省調查局局長。他親自推薦給外務省的三名學生，後來都成為國際知名的外交家。其中，因提出亡國「二十一條」而為中國人熟悉的加藤高明（Kato Takaaki，1860年－1926年），於1894年出任駐英公使，其後多次出任外相，並在1924年出任日本首

加藤高明
《第24代》

圖為因提出亡國「二十一條」而為中國人熟悉的加藤高明

中日馬關談判。中國代表李鴻章（1）、參贊李經方（2）、羅豐祿（3）、伍廷芳（4）、馬連忠（5）。桌對面右起伊藤（6）、陸奧（7）、內閣書記官伊東己代治（8）、外相祕書田中敬義（9）。

相；林權助（Hayashi Gonsuke，1860－1939），後出任駐朝鮮、大清和英國公使，在擔任駐中國公使時，曾深深地捲入戊戌政變，協助康梁等人出逃；內田康哉（Uchida Yasuya，1865年－1936年），先後出任駐中國、奧匈帝國及美國大使，多次出任日本外相，兩次代理過日本首相職務，還曾被美國《時代》周刊作為封面人物。

從日本這些年輕學子後來在外交體系、乃至整個官僚體系內的飛黃騰達，反觀中國近現代，很少有外交官能在非外交的政府崗位上獲得重用，遑論出任總理等「國家領導人」職務。甲午戰爭之後，李鴻章的幕僚羅豐祿出任駐英公使，還是託了伊藤博文的福。羅豐祿、伍

昔日留英同學，如今伊藤博文（右）已貴為內閣總理，而伍廷芳（左）還屈居幕僚。

廷芳等隨李鴻章赴日談判馬關條約，伊藤博文和李談起，此二人是他昔日留學英國時的同學，均為一時俊彥。如今伊藤已貴為內閣總理，而伍、羅兩人還屈居幕僚。李鴻章聞之，頗有感觸，不久後便分別保舉他們出使英國和美國。

日本「神差」與中國「鬼使」的區別，並不僅在於造成部分當事者的個人仕途高下，而更造成兩國在整體戰略方面的根本性分野：一個是外向、積極的「欲開拓萬里波濤，布國威於四方」，為此貴為天皇都可以節食籌款；另一個則只是想為滿清部族保住祖宗留下來的基業，既要攘外，更要安內，不僅要挪用海防經費修園林，到了宣統朝，居然藉著改革的名義建立一個純滿人的內閣，自棄於億兆漢民。

大量法律界人士的加入，極大地提升了日本外交界的國際法水準，日本從此不僅開始專家辦外交、也開始以「法」（國際法）辦外

交，這令日本外交成為其軍事力量之外的另一把武士刀，在廢除與西方的不平等條約及侵略朝鮮中國、爭霸東亞大陸等方面，鋒芒畢露。

高升號事件爆發後，日本外交系統緊急動員，危機公關相當成功，其中很重要的就是這些「法學外交官」們在事件調查和處理過程中，緊緊抓住並利用了國際法的灰色地帶，最終令自己一舉扭轉被動的局面，而不似中國那樣單純地訴諸「正義」等抽象口號。

「霞關外交」的特點，除了國家實行大外交、重視國際法之外，還十分注重策略技巧。日本外交慣用模糊詞語，如果不能蒙混過關，則將責任推給中下層的執行者，高層故作無辜，以此贏得迴旋餘地；日本外交也十分注重在強者面前的低姿態，一旦軍方行動引起強者不滿，會毫不吝嗇向強者道歉，以避開強者盛怒的鋒芒，這一特點一直沿用至今；日本外交更是強大的宣傳機構，他們大量聘用外國顧問，保持與西方輿論的密切聯繫。

「霞關外交」實質上就是著眼於列強的外交，在盡量減少與列強對抗的前提下，幫助日本政府獲得最大利益。也正因為如此，「霞關外交」成了英美外交，對中國方面重視不夠。雖然日本外務省擁有不少中國問題專家，但他們並不佔據關鍵地位，不能影響決策。美國日裔學者入江昭（Akira Iriye）認為，「霞關外交」的失敗之處正在於沒有認識到維護中國主權對日本的重要性，以及日本在國際框架中的應有的定位，這導致了日本今後的失敗和災難。

# 6 當「鬼使」遭遇「神差」

先天的差別，令中國「鬼使」在應對日本「神差」時，處處捉襟見肘。

與留洋多年的日本對手伊藤博文（當時日本首相）和陸奧宗光（當時日本外相）相比，在外交方面「自學」成才的李鴻章，在甲午戰爭之前從來就沒有邁出過國門一步。他的外交思路和技巧，與其說是學自洋務實踐，不如說是講求權詐的中國特色政治手腕在外交領域的運用。作為李鴻章外交思想根基的「以夷制夷」，一方面固然是弱國外交的無奈選擇，另一方面也正是他所擅長的權術實踐，可惜外交畢竟不是內政，在洋人之間玩合縱連橫成效並不好，往往是前門驅虎、後門進狼。

至於在外交第一線的使節們，中日外交戰其實也是他們個人之間的綜合素質之戰。

甲午戰爭中，時任駐英公使龔照瑗是李鴻章的姻親，在1893年出任外交官前，擔任四川布政司，毫無外交經驗，不通英法語言。出使後，因其兼駐法、比等國公使，主要逗留法國，英國事務依賴使館的英籍雇員馬格里探報來判斷形勢。

客觀地說，龔照瑗在英國任上是盡職的，無論採購軍火還是探聽情報，都還略有建樹，但受制於天資及滿清體制，他只能算是個平才。他在西方最為出名的，就是以外交官的身分在倫敦綁架孫中山，結果又沒把人看住，被孫向外通風報信，引起巨大外交風波，旋後被英國要求將其召回，落得灰頭土臉。民國建立後，龔照瑗長期被作為

「反動」典型，實則是替滿清背了黑鍋。

龔照瑗的對手、日本駐英公使青木周藏，卻是堪與李鴻章媲美的政治家。與龔照瑗作為「土鱉」不同，青木是典型的「海龜」。這位武士後裔，在24歲那年留學德國學習法律。專業之外，他還涉獵醫藥、政治、軍事、經濟乃至啤酒、紙幣、地毯等的製作，學一行精一行。他甚至還娶了一位德國妻子，這在當時的中國是完全不可想像的。1873年，青木出任日本駐德國（兼荷蘭、奧地利）使館一秘，隨後出任日本副外相、外相，參與主導日本外交政策。1891年，訪問日本的俄國皇太子（後來的末代沙皇）被日本員警刺傷，青木引咎辭職，轉任駐英國公使，正好專心與英談判新的平等條約，成功地解決了日本在東亞動武的後顧之憂。在日英條約締結的次日，日本內閣才確定對朝鮮和中國動武的決心，英國外交大臣當時就認為，日英條約的簽訂，對日本的意義比戰勝清國大軍還要重大。

甲午戰爭期間，青木在英、德（他兼任駐德公使）長袖善舞，成功地消弭了因高升號事件而被激發的英國民眾反日情緒，破壞了中國在歐洲的軍火採購計畫，同時成功地為日本爭取到軍火供應。青木英語、德語十分流利，對國際法有著深刻了解並能靈活運用，對駐在國媒體輿論高度重視，自己也能提筆直接為當地媒體寫作，這些都是作為「循吏」的龔照瑗難以匹敵的。

更重要的是，青木與日本外務省、軍方以及戰時大本營都有暢通的信息溝通，不需要揣摩上意、報喜不報憂，這令他與最高決策層之間建立良好的互動，國家意識能迅速地轉化為外交行動，這不僅是龔照瑗、甚至連李鴻章都是難以企及的。

如果說阻撓中國近代外交發育的「鬼使」意識，源自於「天朝上國」的自大，則推動日本外交成為「神差」的，是日本民族強烈的危機心理及其引發的自卑心理。狹小的島國，帶給日本人濃厚的危機意識，也培養了他們強烈的集團意識。在這種集團意識中，他們需要一個掌握決定權的「御上」（Okami），這體現在外交方面，就是要「傍大款」，先依附強國大國，韜光養晦減少阻力，以盡快壯大自己。

甲午戰爭前的日本，生活在強烈的民族危機下，取消與西方簽訂的不平等條約成了國家首要目標，但他們沒有選擇「寧為玉碎、不為瓦全」的「義和團式」的抗爭方式，而是以足夠柔韌的身段，與西方依法辦事、據理力爭，反過臉來向東方（朝鮮和中國）橫刀相向、巧取豪奪。日本啟蒙思想家吉田松陰就十分坦率地說：「我與俄、美之講和一定，我方斷不可毀約以失信於夷狄；必須嚴章程，厚信義，以此間善養國力，征服易取之朝鮮和中國東北之土地以為補償。」

奉行實力主義和實用主義的「町人（幕府時代的商人）根性」，塑造了日本外交的實用性，這在無政府狀態的國際社會中，正好可以

總理衙門大臣成林、文祥、寶鋆合影

大展身手。在「町人根性」影響下，日本人不承認唯一正確的價值體系，也不認為有絕對正義。同樣對於萬國公法（國際法），日本人就比中國人有更為清醒的認識，時任日本參謀本部陸軍部第二局局長小川又次大佐在其1887年寫成的《清國征討方略》中，深刻地指出：「今日乃豺狼世界，完全不能以道理、信義交往。最緊要者，莫過於研究斷然進取方略，謀求國運隆盛。」「兵力不整之時，萬國公法亦絕不可信……既不足恃，亦不足守」，真是一語中的。

這樣的實用主義，在甲午戰爭中表現得淋漓盡致。高升號事件的始作俑者、日本軍艦浪速號艦長東鄉平八郎，在敢於打沉英國商船的同時，卻冷靜地下令打撈那些落水的英國船員，船長、大副等關鍵人物因此獲救，並在此後的國際法爭論中對日本幫助極大。青木周藏在事件發生後，立即對英國政府低三下四地詛咒發誓，表態會追究肇事海軍軍官的責任，向英國賠禮道歉，但在法律上站穩腳跟後，他又跑到英國外交部，義正詞嚴地抗議英國商船不嚴守中立，將自己的角色迅速從加害者調整為受害者。又如在平壤戰役結束後，日本將數百名清軍戰俘押解到日本，極盡優待，給國際上樹立了良好的形象，而這樣的「文明舉動」此後便不再有，原因在於隨著戰線拉長，日軍供給困難，內定的政策是不留俘虜悉數屠戮，只是不足為外人道也。

日本的外交與軍事，表面上看似乎總是不協調，似乎「極右」的軍方總在逾越界限，裹脅著有點「左」的外交進入軍方的軌道。但實際上，在日本這輛武裝到牙齒的戰車上，外交和軍事互為「油門」和「剎車」，並非相互牽制，而是相互配合。穿西裝的依然是武士，著軍服的也照樣有著外交官的狡黠精明和國際視野。在疲於應對這樣的敵人之後，晚清官方文獻中大量出現「倭人不可信」的感慨，實在是不足為奇的。

英國有句外交名言：沒有永恆的朋友，也沒有永恆的敵人，只有永恆的利益。李鴻章總結道：「國際上沒有外交，全在自己立地，譬如交友，彼此皆有相當的資格，我要聯絡他，他也要聯絡我，然後夠得上交字，若自己一無地位，專欲仰仗他人幫忙，即有七口八舌，亦復無濟於事」。

梁啟超則認為：「夫手段狡獪，非外交家之惡德。各國並立；生存競爭，唯利是視。故西哲常言個人有道德，而國家無道德……內治不修，則外交實無可辦之理。」

「內治不修，則外交實無可辦之理」，這或許正是近代中日外交分野的深層根源所在？

# 7 反清復明的解放者

1894年10月25日，日軍未經戰鬥，輕取東北重鎮九連城，駐守此處的清軍，儘管有著並不遜色的武器裝備，卻早已聞風而逃。

根據日本官方的《日清戰爭實記》記載，九連城「當地居民簞食壺漿迎我王師，攜來雞和豬獻給我軍」，日本隨軍記者因此感慨：「『東西旦夕相望，庶民子來』，古人之言，不欺我也。」（第十編）日本陸軍大臣、親自擔任第一軍司令長官的山縣有朋，隨即下令發出安民告示，免除當地百姓本年稅款，「告示貼出以後，效果頗佳，逃避戰亂的人陸續回家，其中甚至有人請求為日本軍隊效力。」

日本第一軍還約請了著名間諜學者、中國通宗方小太郎，擬製了一篇文采飛揚的告示《開誠忠告十八省之豪傑》，將日軍描繪成從黑暗的滿清統治下拯救中國人民的解放者。（詳見本書相關章節）

類似這樣的檄文，充斥了甲午戰爭期間的日軍文告。刻意挖掘、放大並激化滿漢矛盾，是日本在甲午戰爭時的宣傳策略之一。日本對甲午戰爭的宣傳有三類定位：一是將朝鮮問題轉化為日本帶領鄰國進步，而中國卻百般阻撓，這是「文明之戰」，講給西方人聽的；二是將進軍亞洲大陸描繪成為日本民族爭取更大空間，這是「生存之戰」，講給日本人聽的；三是將攻擊中國本土塗抹上「驅除韃虜，恢復中華」的反滿色彩，這是「解放之戰」，講給中國人聽的。

日本人「反滿」的策略無疑是有效的。11月初，日軍進攻大孤山，諜報說當地居民已四散逃亡，日軍隨即將一名原籍大孤山的清軍俘虜孫某釋放，要求這位「親眼看到了大日本軍隊紀律嚴明、秋毫無犯」的戰俘，回鄉宣講日軍「恩德甚多」，「孫某感泣俯伏，謝恩而去」。隨後，日軍進入大孤山，孫某率家人和鄰居們跪迎，說：「大王到來，愚民等焉能不歸順？」（《日清戰爭實記》第十三編）此類記載在洋洋五十卷《日清戰爭實記》中頗多出現。我們固然可以質疑其中的誇張成分，但即使晚至二戰，在日軍進攻河南的戰役中，當地民眾依然群起響應日軍，而向平時殘民以逞的「國軍」發起攻擊。

1895年3月，中日戰事進入尾聲，馬關談判剛剛開始，日本陸海軍乘勝攻擊台灣。根據宗方小太郎的隨軍日記記錄，漁翁島當地百姓派代表「前來哀求保護，因言語不通，故書『仁義之師』與之」。次日，百姓代表再次前來，「哀求寬大施恩，垂憐拯救窮民流離之苦，稱我為大明國大元帥云。」這樣的記載，對今日的華人而言依然是相當震撼的：即使在荒遠如此的小島上，日本軍隊也被中國百姓當作「反清復明」的光復大軍，足見日本的宣傳攻勢是何等地深入人心，也足見日本利用中國滿漢民族矛盾的成功。

這一年稍晚，一群海外華人求見日本駐廣州領事，要求日本人為

日本將自己打扮成文明的傳播者和亞洲的解放者，圖為浮世繪渲染日軍處決所謂在朝鮮犯下暴行的清軍。

他們在廣州將要舉行的暴動提供幫助，與遠在東北、華北節節勝利的日軍遙相呼應，遭到日本婉拒。暴動在沒有日本人直接支持的情況下開展，遭到慘敗。暴動的領袖事先得知了清廷即將鎮壓的消息，在最後關頭滯留海外，沒有進關，他的名字叫孫文，又稱孫中山。在後來的電視劇中，一名叫陸浩東的暴動者，為了取回他設計的暴動旗幟，而在最後一刻被官軍擊斃，他披裹在身上的那面青天白日滿地紅旗，後來成為民國的國旗，只是，民國史家在敘述這段被稱為「廣州起義」的革命歷史時，不再提及革命者與日本的親密關係。

十三年後，1908年，日本軍火走私船「二辰丸」（Tatsu Maru）號在澳門海面被大清水師截獲，引發日本和葡萄牙當局激烈反彈，清廷無奈下被迫妥協，此事激起近代史上第一次民眾自發的大規模抵制日貨行為。同樣的，後世史家在盛讚此類「革命」行動的同時，卻矢口不提起因是日本為革命黨走私軍火。

在近代民族主義發軔之際，中國就這樣一而再、再而三地被置身於看似極端荒謬的民族定位之中：誰是我們的敵人？誰又是我們的同胞？

縱觀世界史，似乎還沒有別的民族在形成群體認知時，遭遇中國這樣的尷尬處境：一方面是作為中華民族而與東西方列強之間的矛盾，另一方面則是作為人口大多數的漢族與佔統治地位的滿族之間的矛盾。

同文同種、並且認為自己比滿清更能代表「中華」的日本，在它的軍刀揮向東亞大陸的同時，它也掀起了大清帝國上下的紛繁複雜的民族主義潮流，多種民族主義交織在一起，剪不斷，理還亂。後世學者在研究二戰中日本在華操縱當地人建立自治政權方面，驚訝地發現居然有無數的當地要人願意與之合作，「遍地漢奸」，不得不承認日本在精神建構和政權合法性營造方面的成功之處。

# 8 有國才有家：大夢誰先覺？

儘管同樣遭受了西方的侵略和壓榨，但亞洲諸國中，日本是最早形成民族主義的。明治維新從某種程度來看，就是一場民族主義的復興以及在民族主義推動下的變革。明治維新後的日本，依然處在並不亞於中國的內憂外患之中，高漲的民族主義思潮推動了兩大國家戰略的形成：一是與西方盡快解除不平等條約，二是向東方盡快爭取更大的生存空間，這兩大戰略都圍繞著擺脫「落後就要挨打」的處境。

弔詭的是，日本的民族主義得以早於中國形成，首先得益於其持續了兩個半世紀的鎖國，這令日本國內的族群文化擁有了相當高的「同質性」。幕府為了控制各地的大名，而將他們及家屬都搬遷到江戶（東京），這在客觀上大大推動了日本國內各藩之間的融合。同樣鎖國，中國卻因幅員遼闊、人口眾多，而難以形成如日本那樣的國家認同感，依舊是馬克思所謂的一大袋「馬鈴薯」，袋口一鬆就散落了。

與「皇帝輪流做、明年到我家」的中國不同，日本的天皇世系已經擁有漫長的歷史，儘管在相當長的時間內大權旁落，僅被當作傀儡，但天皇的「萬世一系」成為民族主義最好的象徵物和凝聚力所在。

在遭受西方列強欺凌方面，無論是歷史長度還是創傷深度，中國都絕對超過日本，但卻直到甲午戰爭被東亞小兄弟打趴下後，才開始形成民族主義。

民初的著名思想家、中共的創始人陳獨秀，曾在1904年《說國家》一文中回憶說：「我十年以前，在家裏讀書的時候，天天只知

道吃飯睡覺。就是發憤有為，也不過是念念文章，想騙幾層功名，光耀門楣罷了，哪知道國家是個什麼東西，和我有什麼關係呢？ 到了甲午年，才聽見人說有個什麼日本國，把我們中國打敗了。到了庚子年，又聽什麼英國、俄國、法國、德國、義國、美國、奧國、日本八國的聯合軍，把中國打敗了。此時我才曉得，世界上的人，原來是分做一國一國的，此疆彼界，各不相下。我們中國，也是世界萬國中之一國，我也是中國之一人。我生長到二十多歲，才知道有個國家，才知道國家乃是全國人的大家，才知道人人有應當盡力於這大家的大義」。

梁啟超認為，中國人並非沒有愛國的天性，之所以不知愛國，是因為不知道什麼是國。

梁啟超認為，中國人並非沒有愛國的天性，之所以不知愛國，是因為不知道什麼是國，「中國自古一統，環列皆小蠻夷，無有文物，無有政體，不成其為國，吾民亦不以平等之國視之。故吾國數千年來，常處於獨立之勢，吾民之稱禹域也，謂之為天下，而不謂之為國。既無國矣，何愛之可云？」（《新民說》）

正如同日本要和滿清爭奪「中華」的稱號一樣，「中華之名詞，不僅非一地域之國名，亦且非一血統之種名，乃為一文化之族名。故春秋之義，無論同姓之魯衛，異姓之齊宋，非種之楚越，中國可以退為夷狄，夷狄可以進為中國，專以禮教為標準而無有親疏之別。」（章太炎：《中華民國解》）西周晚期開始，「夷狄」與「華夏」的分野已然清晰，並非在於人種學，而是在於「禮」——文化和道德，「諸夏用夷禮則夷之，夷狄用諸夏禮則諸夏之」。在這種觀念下，中

100年多前，日本的啟蒙思想家福澤諭吉就大聲呼籲：「當今立國，不能只靠武力，錢也非常重要。錢為武之本，當此之時，應大力崇尚金錢，把日本變成金錢國家，迫在眉睫。」

國便成為天下，中外關係也成為天朝與蠻夷、發達與落後、文明與野蠻的代名詞。

中國的歷史，在明末大儒顧炎武看來，從來只「亡國」而不「亡天下」。在他眼中，「易姓改號謂之亡國」，這與一般民眾無關，「保國者，其君其臣肉食者謀之」；而「天下無父無君而入於禽獸，謂之亡天下」，「保天下者，匹夫之賤，與有責焉」；只有懂得「保天下」才能懂得「保其國」。（《日知錄》，卷十三，「正始」條）。這種將文明優先於政權的普遍認識，成為中國雖時常淪陷於敵國之手，而照樣以堅韌的文化同化侵略者的力量源泉，同時也成為入侵者分化瓦解抵抗力量、「識事務者」為自己的不抵抗尋找理由的最佳藉口。正如甲午戰爭中日軍另一份文告宣稱的：「三皇治世，五帝為君，推賢讓能，皆揖讓而有天下；柔遠親邇，以仁義而待閭閻。誠謂其民為邦本，本固邦寧也。我兵將西征，始為天下來耳。」字裏行間與中華文化絲絲入扣，吃準了中國人的心理，這與滿清入關後尊崇孔子、拜祭孝陵（朱元璋墓）從而有效化解了漢人的抵抗意識，有異曲同工之效。

在這樣的「天下」觀念下，中國主權概念的形成便比日本要滯後許多，對西方的防範更多地是在文化層面。在第二次鴉片戰爭後，咸豐皇帝率眾狼狽出逃，在英法擬訂的善後條款中，他對外國使節長駐北京所表現出的憤怒，遠甚於割地賠款，這種將「面子」看得比「裏子」更重的做法，恰恰正是理解中國民族主義何以在頻繁的列強侵略下仍難以發育的關鍵。只要東亞社會以中國為核心的朝貢體系沒有被徹底打破，中華帝國依然可以擁有天朝的感覺，到了甲午戰爭時期，中國無論朝堂之上還是報章之中，都充滿對「蕞爾倭國」的蔑視，而只有當日本徹底打敗大清，東亞朝貢體系無論是「裏子」還是「面子」都被撕開，中國人才感覺到前所未有的震驚，開始了「千年未有的大變局」（梁啟超語）。

相比較中國拘泥於幻象中的「中華天朝」，日本人並無此類歷史包袱。在明治維新後，他們便直接將主權訴求作為國家首要目標，對西方要爭取盡快廢止不平等條約，對東方則要盡快進行「拓殖」。當中國還對主權懵懂之時，日本已經明確地提出了國家的主權線和利益線的概念，並將利益線定位在朝鮮。軍事之外，日本的啟蒙思想家福澤諭吉甚至大聲呼喊：「當今立國，不能只靠武力，錢也非常重要。錢為武之本，當此之時，應大力崇尚金錢，把日本變成金錢國家，迫在眉睫。」（《使日本成為金錢之國的辦法》）「我輩不要責難人欲，限制人欲，只有人欲才是文明開化元素。其欲越多，心之動亦越多；其欲越大，其志亦越大。」（《寄希望與後進生》）這樣毫無掩飾的吶喊，其對民眾的喚醒作用，是相當強大的。三十年前的中國改革開放，其實質上亦無非是解放人欲而已。

在這樣的強力動員下，日本的民族主義迅速形成，山縣有朋在闡述「利益線」時，就明確說保護利益線一靠軍備，二靠教育，「國之強弱根於國民忠愛之風氣，國民愛戀父母之邦，如無以死固守之念，雖有公私法律，國將一日無存。國民愛國之念，只有通過教育得以養成，如此，使其成兵時即為勇士，當官時即為純良之吏。」

甲午戰爭後，日本思想家幸德秋水還在痛心疾首地呼籲：「大概我國政界的腐敗、經濟的不安，以及德教的頹廢日甚一日，這些都足以使國家趨於危亡之運，而我國民的麻木不仁卻幾乎到了極點」，「嗚呼！國民若不及早從其昏睡之境覺醒，我國家之前途奈何？」（《國民的麻木》）而此時的中國，也開始逐漸從昏睡之境覺醒。

# 9 大清精英緣何內訌？

民族主義出現的一個重要前提，是國民對國家的認同，或曰公民的主權觀念。

著名詩人哥德在德國統一前，曾說：「我們全都支持腓特烈大帝，但普魯士與我們何干。」（漢斯・摩根索：《國家間政治》）歐洲的民族主義，是在推翻了神權和王權，民族利益取代了王朝利益，民族國家取代了王朝國家後才出現的。國家的統治者不再被等同於國家，而不過是國家的臨時首腦，民族國家成為公民的最高效忠目標。美國著名學者漢斯・庫恩（Hans Kohn）指出：「沒有人民主權觀念作為先導，民族主義是不可想像的」。（《美國的民族主義》）

日本比中國更早形成民族主義，也正在於其早在明治維新時期，就基本解決了國家是全民的這一基本政治命題，和最根本的政治改革。

儘管明治維新本身具有廣泛的社會基礎，但天皇的權力根基卻是不穩固的，難以形成如中國皇帝那般的「朕即天下」。為了鞏固政權，天皇也需要建立「最廣泛的統一戰線」，而民族主義便成為外可對抗西方強權、內可樹立天皇「新權威」的重要途徑。為此，天皇必須向諸侯乃至社會公眾讓渡部分權利，而這種讓渡本身恰恰與近代的君主立憲制相吻合。

在作為明治維新發端的《五條誓文》（1868年）中，幾乎都是關於權利的共用：

廣興會議，萬機決於公論；

上下一心，盛行經綸；

官武一途以致庶民，各遂其志，人心不倦；

破舊有之陋習，基於天地之公道；

求知識於世界，大振皇基。

這五條誓言，不僅大大地解放了思想，為維新改革奠定法理基礎，實質上也是一場相當徹底的自我政治體制改革。我們看到，此時遠比日本強大的大清，一直到了王朝末日都難以痛快地向民眾進行類似的政治宣示，遑論真正讓權。

天皇的「買賣」十分合算，他向公眾讓渡了本被幕府攫取的權力，換取全民的效忠，以及「萬世一系」的皇室在國家政治生活的牢固地位，並推動了和國家在體制和精神層面上的雙重解放。與此類似，明治天皇也開放輿論，報刊迅速成為對政府的強大監督力量甚至是反對力量，被稱為「第四種力量」，天皇同樣用新聞自由換取民心和民智，並在國際上樹立了開明的新形象。

在中國，甲午戰爭後民族主義開始發軔，戊戌變法的本意是想推行一場中國式的明治維新，但勢禁形格，卻釀成一場流血政變，並最後導致中國新生的民族主義走向以義和團為代表的另一保守、頑固的極端。其原因固然很多，但很根本的一條，就是既得利益者沒有開放權力的誠意，按照錢穆先生的說法，滿清這一極端落後的「部族政治」，為了維持其小團體的利益，而死死抱住舊制，直到被強力推翻。

陳獨秀曾在《愛國心與自覺心》（1914年）一文中，深刻地闡述了愛國的前提是「國家要先可愛」，只有以民權為歸依的國家，才能夠真正贏得國民的認同感，國家先須求「好」，方能圖「強」。他

說，「近世歐美人之視國家也，為國人共謀安寧幸福之團體，人民權利，載之憲章。犬馬民眾以奉一人，雖有健者莫敢出此。……土地、人民、主權者，成立國家之形式耳。人民何故必建設國家？ 其目的在保障權利，共謀幸福，斯為成立國家之精神。」所以，要樹立「愛國精神」，首先要有「立國精神」。陳獨秀說：「愛國者何？ 愛其唯保障吾人權利、謀益吾人幸福之團體也。自覺者何？ 覺其國家之目的與情勢也。是故不知國家之目的而愛之則罔，不知國家之情勢而愛之則殆。」國家如不能保障人民之權利、謀益人民之幸福，「其國也存之無所榮，亡之無所惜」，他尖銳地認為當時的中國「外無以禦侮，內無以保民，不獨無以保民，且適以殘民，朝野同科，人民絕望」，不愛也罷。

這些振聾發聵的論點，雖然未必能被很多人（包括今人）認同，卻在其後的近百年來，如同魔咒一般籠罩著歷來的當政者，令他們在利用「民族主義」或「愛國主義」動員民眾時，不得不三思而後行。

相比日本作為單一民族國家，中國的民族主義在呱呱落地的時候，就面臨一個先天的難題：滿漢之分。對待滿漢關係問題上的不同見解，成為革命派與維新派激烈論爭的主題，也成為大清精英社會進一步「撕裂」乃至「內訌」的原因。

滿清入關，定鼎中原，儘管經過歷代帝皇的精心調理，滿漢深層矛盾還是難以解決，這其實牽涉到最關鍵的政權基礎問題。滿清既決心將政權牢牢抓在部族手中，則漢民族的淪陷感便難免被一次次地激發出來，作為反抗暴政、乃至只是作為野心家的旗號而已。清史上的歷次動亂，幾乎無一不是打著「反滿」的旗號，無疑，當時的「反滿」與日後的「抗日」，在「政治正確」方面不相上下。受甲午戰爭戰敗刺激，中國的民族主義從出生那一刻起，就是性情各異的「雙胞胎」。一是以康有為為代表的君憲民族主義，「尊王不攘夷」（不排滿不排外），以君主立憲為基本訴求；二是以孫中山和同盟會激進派為代表的共和民族主義，尊洋攘「夷」（崇美排滿），以民主共和為目標。有學者另將以章太炎、黃節、鄧實、劉師培等國粹派為代表的文化民族主義分列出來，認為他們尊夏攘「夷」（排滿崇漢）、以匯通中西文化、保存國粹、建構國魂為追求（單正平：《晚清民族主義與文學轉型》）。

無論如何劃分流派，中國民族主義的根本分歧，就在於對滿清如何定位。

以孫中山為代表的革命黨，是堅定地「排滿」者，不僅將「驅除韃虜、恢復中華」寫進了黨綱，更是進行了多次對滿清權貴的刺殺。革命派將排滿作為號召，不僅是其理念使然，也是現實政治的技巧考量。當時的中國百弊叢生，要一一清理，相當費事，而將所有問題都一骨腦兒歸結到作為「韃虜」的滿清的統治合法性上，無疑在政治動員上既簡捷又有效。當然，後來也證明，驅除韃虜後，中國的問題似乎一樣也沒少。除了訴諸民族主義的政治動員效力外，「排滿」也有效地遮蔽了對中央政權進行反叛和抗爭這一更為本質的訴求；對支持「中國革命」的國際勢力來說，支持「排滿」也有效地遮蔽了他們對中國利權的實質侵奪，這從近年被學界披露並逐漸被接受的孫中山對日秘密協定等事件，均能窺見其斑。

國際關係的本質就是利益，國際社會的本質就是社會達爾文主義的叢林原則，國與國之間就是不擇手段。當這樣的國際關係遭遇到同樣不擇手段的革命時，中國的民族主義表現便給後世的官方史家增加了許多解說的難度，而最簡單的辦法就是沉默是金，不提那些複雜的細節。

革命黨的民族主義，訴諸歷史上慣用的大漢族情結，以簡捷、直接、激烈、著重於破壞的「憤青」形象出現。而梁啟超和楊度等所

謂立憲人士，就沒有這麼灑脫，畢竟他們著重於「立」而非「破」，因此，不得不在複雜的現實政治糾葛中，殫精竭慮地思考同樣複雜的民族關係。正是在這個時候，歐洲的現代民族主義理論在中國得到廣泛地傳播，並最終推動了革命派將狹隘的、在革命過程中十分有效的「驅除韃虜」口號，轉變為更寬容的、在革命勝利後的建設過程中更為現實的「五族共和」。

梁啟超將瑞士著名法學家布倫奇利（Johann Kaspar Bluntschli，梁譯為伯倫知理）的民族概念介紹到中國來時，創新地提出了「大民族主義」概念。他說：「吾中國言民族者，當於小民族主義之外，更提倡大民族主義。小民族主義者何？漢族對於國內他族是也。大民族主義者何？合國內本部屬部之諸族以對於國外之諸族是也，合漢合滿合蒙合回合苗合藏，組成一大民族。」隨後，由此他提出了「中華民族」的概念，認為「中華民族自始本非一族，實由多民族混合而成」，而「變法必自平滿漢之界始」，「非合種不能與他種敵」。（《論變法必自平滿漢之界始》）梁啟超的理論，成為民國肇始後最終實現民族和解的基礎。

在「驅除韃虜」與「五族共和」的兩種民族主義爭論中，日本的民族主義卻變得更為激進，最後與中國的民族主義發生激烈的碰撞。

# 10 「豬尾巴」找到了尊嚴

中日兩國民族主義的互動，是一個充滿了弔詭的過程。

先是西方的入侵刺激了日本民族主義，而中國依然蒙頭酣睡；隨後是日本在民族主義激勵下，發動甲午戰爭，一下子驚醒了中國。

在甲午戰爭剛起的時候，西方媒體都輕蔑地將這場黃種人的內戰稱為「豬尾之戰」，大清臣民腦後的那條「豬尾巴」成為整個黃種人的象徵。而有意思的是，「豬尾之戰」卻最終激發了「豬尾」的尊嚴，甲午戰爭失敗後，驚醒的中國民族主義並沒有把矛頭指向日本，相反，倒和日本的民族主義合流，中日聯盟、黃種人聯合對抗西方的「大亞洲主義」為兩國官方和民間都營造了前所未有的親密氣氛。德國皇帝威廉二世是少數敏銳地洞察到東方民族主義力量的西方政治家之一，他認為日本戰勝中國，對西方來說或許是夢魘的開始：在一個西化的日本的領導下，中國巨大的潛力將被激發出來，中日合流的「黃禍」將在成吉思汗之後再度橫掃世界。

日本成為中國民族主義親善的對象，這在國際關係史、在曾經敵對的兩國的民族主義運動中，都是罕見的現象。在1904～05年的日俄戰爭中，中國雖然宣稱中立，但從官方到民間都充滿了「聯日拒俄」的呼聲，旅日學生甚至組織抗俄義勇隊，回國配合日軍作戰。日軍也充分利用這一點，以「長白俠士」、「遼海義民」之類名義撰寫檄文，在東北秘密張貼散發，號召民眾助日抗俄。日軍參謀本部更是派遣曾做過北洋軍教官的大佐青木宣純，以使館副武官的身分緊急來華，與袁世凱面商日中聯合組織情報機構和招募東北「馬賊」等事宜。袁當

時從北洋軍中挑選數十名畢業於測繪學堂等軍事學校的精幹士官，與日軍組成了聯合偵探隊。這其中就有後來大名鼎鼎的「秀才丘八」吳佩孚。鎮守「中立區」的直隸提督馬玉崑是甲午戰爭中的抗日英雄，此時也全面配合日軍，為日軍的敵後游擊隊「特別任務班」提供大量軍火和經費，特別任務班成員甚至能在危急時遁入清軍兵營獲得庇護。馬還曾經秘密協助日軍招募馬賊，組建所謂的「正義軍」，直到後來關東軍和偽滿洲國政府對此進行公開表彰和紀念才揭密。孫中山和秋瑾等，聽到日軍的捷報都歡呼雀躍，鑒湖女俠還寫下了膾炙人口的詩句：「拚將十萬頭顱血，須把乾坤力挽回」，謳歌日軍。

在撫平甲午之戰創痛的過程中，中國民族主義向兩個方向彰顯了力量：一是學習日本開展更為徹底的變法，另一個則是對所有的「洋務」進行極端的抵制。當戊戌變法終於失敗後，另一種民族主義便開始主宰中國，並最終發展為逢洋必反的義和團運動，在給予國內改革力量以沉重打擊的同時，也招來人類歷史上罕見的八國聯合軍事干涉。在滿清貴族幕後主導的義和團式的「大民族主義」失利後，滿清便再也無力控制以排滿為號召的「小民族主義」。而滿清部族內的「微民族主義」卻在不擇時機地蠢蠢欲動，隨著光緒皇帝和慈禧太后離奇的同時死亡後，以改革標榜的新政府，前所未有地由純滿人組成內閣，顢頇的貴族們愚蠢地將自己的民族特性，放到光天化日下成為眾矢之的，加速了漢人的離心傾向和王朝的崩潰。

在滿清逐漸死去的呻吟聲中，日本在越來越自大的民族主義激勵下，看到自己取代滿清入主中原的機會，中日衝突成為兩國民族主義最主要的戰場。受到日本啟發而形成的「中華民族」一詞，最後成了召喚抗日的旗幟；被日軍的鐵蹄激發出來的中國民族主義，最終選擇將日本作為最主要的抗爭對象，至今依然。這或許也正是中日兩國之間的歷史宿命所在？

# 11 日式「漢奸」伊藤博文

1863年5月10日，日本馬關海峽。

美國輪船「彭布羅克號」（Pembroke）因退潮而下錨，等候夜潮到來。天色漸暗，兩艘帆船悄悄駛近美國船，突然開炮。這是長州藩的軍艦庚申丸、癸亥丸，奉命進攻「夷船」，打響了「攘夷」的第一炮，掀開了日本式「義和團」運動的序幕。此時，距離日本在美國武力下被迫開國正好十年整。

十年來，這場被動的「改革開放」，造成日本國內政治經濟的極大混亂，以批判幕府開國政策為主的「攘夷派」，結合以孝明天皇為首的朝廷，對幕府發起挑戰，「尊王攘夷」（日本式的「扶清滅洋」）運動風起雲湧。攘夷派「挾天子以令諸侯」，逐漸佔據上風，迫使幕府宣布攘夷，攘夷派佔主流的長州藩便成為這場運動的急先鋒。

「彭布羅克號」猝不及防，只好砍斷錨鏈倉皇而逃。隨後幾天，法國軍艦「建昌號」（Kien-Chang）、荷蘭軍艦「梅杜薩號」（Medusa）也先後受到炮擊。西方突然發現，自己面對著一個憤怒的日本。

馬關炮響後兩天，5月12日的深夜，五名年輕人受長州藩藩主密令，在橫濱躲過了幕府官吏的檢查，悄悄登上怡和洋行的商船基魯雪基號，轉道上海前往歐洲秘密留學並考察。

大上海的繁華令這些第一次出國的日本青年大驚失色，動搖了他們的攘夷觀念。他們看著如此眾多的「洋船」，感慨到：「這些

船如果一旦都闖進日本來，究竟日本該怎麼做才好呢？攘夷嗎？那不可能！」

這群年輕人中，就有後來著名的伊藤博文和井上馨。

就在這些年輕人徜徉於繁華的倫敦，醉心學習英語和西方技術的同時，他們的家鄉正在遭受著劇烈的變化。

長州五傑：遠藤謹助（左上）井上馨（左下）井上勝（中）伊藤博文（右上）山尾庸三（右下）

美國和法國海軍先後進行小規模的報復，長州藩幼稚的海軍受到重創，炮臺嚴重被毀。西方的堅船利炮震撼了長州各界，農民、町人也紛紛被武裝起來，等級被進一步打破，後來在明治維新中作用巨大的「奇兵隊」（與正規軍「正兵」相對而言）就是在此時應運而生的。

與此同時，日本另一大藩薩摩藩也與英軍發生激烈衝突，史稱薩英戰爭。薩摩藩在英軍的優勢軍事力量面前大敗，被迫簽署和約。隨後，以會津、薩摩兩藩為中心的「公（朝廷）武（幕府）合體派」發動政變，將以長州藩為中心的尊王攘夷派逐出京都，內戰爆發。

長州藩此時仍維持攘夷，封鎖馬關海峽。長期的封鎖，最終激怒了在日本有巨大經濟利益的英國。次年（1864年）英國駐日公使阿爾托克（Rutherford Alcock）提議，與法國、荷蘭及美國聯合採取軍事行動。「四國聯軍」很快組織了十七艘軍艦，準備大舉進攻長州。

身在英國的伊藤博文和井上馨得知消息，深為國內局勢擔憂，認為日本要與四國抗衡，絕對是以卵擊石。他們遂決議返回日本，試圖運用自己與英國和藩主的聯繫管道，既阻止攘夷這樣的「義和團行動」，也阻止「四國聯軍」的軍事行動。

伊藤與井上在途中花了三個月時間，於6月10日回到橫濱。在英國公使館朋友的幫助下，拜見了英國公使阿爾托克。兩人通過英國公使說服四國暫停軍事行動，留出時間供他們前往長州藩斡旋。

英國公使問他們，如果難以說服長州藩，他們兩人將如何自處？是否繼續回到英國去？

但伊藤和井上的回答令英國公使大吃一驚：「不，那樣的話我們將要做攘夷軍的先鋒，戰死在疆場！」

兩人在長州藩向藩主及貴族們分析天下大勢，切陳攘夷是不可能成功的，繼續與西方對抗的結果，將給長州藩帶來滅頂之災。

他們很快就成為攘夷派的眼中釘，不少人將他們看做通敵的日本式「漢奸」，強烈要求誅殺他們，用他們的血來為攘夷祭旗。暗殺他們的風聲越來越緊，長州藩藩主也派人暗中給他們送錢，通知他們趕緊出洋躲避。兩人謝絕了藩主的好意，但不得不先躲藏起來。

伊藤和井上兩名「日奸」的遊說失敗後，四國聯軍發起強攻，長州藩大敗，被迫簽訂城下之約，拆除下關的炮臺及賠償三百萬元。

但在這場戰鬥中遭受慘敗的長州藩，與敗在英軍手下的薩摩藩一樣，痛定思痛，轉而親近英國，實行全面改革開放，隨後成為倒幕運動的主力。而被「愛國志士們」追殺的「賣國賊」伊藤和井上，也隨後成為明治維新的風雲人物，推動了日本帝國的擴張，被朝鮮和中國的「愛國志士們」視為最兇惡的敵人，伊藤最後更是被朝鮮愛國者安重根在哈爾濱刺殺身亡。

而更為弔詭的是，在伊藤和井上留學英國之前，作為堅定的尊王攘夷派，他們甚至還多次策劃針對外國公使的刺殺計畫，包括縱火焚燒法國使館。

從不惜暗殺的「義和團」，到阻止攘夷而被人看做是「賣國賊」，再到明治維新的大功臣，伊藤和井上的跌宕心路，正是那個時代日本知識分子的寫照。在這個心路歷程中，可以清晰地看到日本知識分子在時代的劇烈變化面前，順應潮流，放下身段，改變了自身。

日本知識分子的這種「變臉」功夫，在著名思想家吉田松陰身上表現得更為極端。作為一名改革開放的提倡者，吉田卻堅定地站在「攘夷派」一邊，並非為了反對幕府的開國政策，而只是出於推翻幕府的政治需要：他認為只有先「攘夷」才能削弱幕府，將幕府與西方訂立的條約盡行廢除，等到國權統一後再實行開國政策。

日本文化的綜合性和雜交性，令日本知識分子沒有中國士大夫那種優越感，所以在承認差距、改變自身方面，他們相當的痛快和徹底。幾乎在西方文明傳入的同時，他們就認為日本不但在有形的技術工藝方面，而且在國家制度、人民的獨立自主精神方面都有著巨大的差距。這種認識，推動了日本引入更徹底的君主立憲制，實現更為根本的改革。

而類似的「變臉」功夫卻在中國罕見。即使早在1840年就開始遭受「夷狄」的侵凌，中國的主流知識分子（士大夫）卻直到甲午戰爭失敗前，甚至都沒能形成一種強烈的憂患意識。魏源「睜眼看世界」的《聖武記》和《海國圖志》，相當長的時間內是「牆裏開花牆外香」，在日本比在中國更受歡迎。吉田松陰曾手抄《海國圖志》，奉為至寶，而其師佐久間象山更是直稱魏源「真可謂海外同志矣」，而在中國，《海國圖志》卻迅速地絕版了。

在中國的大多數知識分子看來，《海國圖志》這種書顯然是多餘的，中國的落後，無非是在「船堅炮利」等物質文明方面，而政治制度實在是太優越了，「政教禮儀超乎萬國之上」。正是在這個思想指導下，洋務運動轟轟烈烈地進行器物層面的 「原始四化」（「四個現代化」，唐德剛語）， 更本質的「政治現代化」卻在摸著石頭過河的過程中被刻意忽略了。中國的執政者和知識分子們，並不認為自己也需要「變臉」。

號稱同文同種的中日兩國知識分子，就這樣開始了悄悄地分道揚鑣。

# 12 利刃在手：殺敵還是自宮

那支在對抗「四國聯軍」中誕生的「奇兵隊」，隨後也成為倒幕戰爭的主力，被稱為日本第一支近代化軍隊。這支軍隊的締造者高杉晉作（1839-1867），是一位文武全才的知識分子，陽壽雖短（28歲），卻在日本近代史上留下濃墨重彩。

高杉晉作幼讀私塾，精通劍術，並在「軍艦教授所」學習航海術，大力提倡西學。就在長州攘夷運動前一年（1862年），幕府派出商船「千歲丸」，前往上海進行貿易，高杉晉作隨船前往。

在上海期間，高杉晉作深入了解中國情況，大量購買西學書籍，就是他發現《海國圖志》居然在清國絕版，並為此深感不解與遺憾。

根據他在《遊清五錄》中的記載，他到書店去購買陳化成（抗英名將）、林則徐兵書，店主卻向他推薦《佩文韻府》。高杉道：「《佩文韻府》等與我無要，有陳忠湣公、林文忠公兩名將之著書，則我雖千金要求之矣。」

此店主號稱知兵，於是兩人筆談起來。高杉問：「貴邦與俄羅斯和親最好，近世之事情如何？」店主道：「俄羅斯國，在鄙國通商，感我朝厚恩，所以助兵助餉之舉，和親之說，想是齊東野人語耳。」

高杉不僅嘲諷道：「口唱聖賢之語，身為夷狄之所役，齊東野人。真齊東野人耶，嗚呼！浮文空詩何足當，目無一丁字兵卒，可歎可憂。」他感歎中國知識分子陶醉於空言，不尚實學，「口頭盡說聖賢語，終被夷蠻所驅使」，因此作詩道：「臨敵練磨文與武，他年應有建功勳」，「蠻檣林立穿雲處，獨扶寶刀對日明。」

使節團中的一名下層武士峰潔，在滬上目睹清軍狀態後，便聲言：「若給我一萬騎，率之可縱橫南北，征服清國。」

當時的日本還相當落後，中國則已經拉開了改革開放的序幕，即將進入「同治中興」，但日本使節卻從上海一個剖面，輕易地看透中國的內在問題。他們觸及到一個相當嚴峻的事實：中國社會、尤其知識分子們有著病態的「崇文抑武」。

早在清初，思想家顏元就指出：「衣冠文士羞於武夫齒，秀才挾弓矢出，鄉人皆驚，甚至子弟騎射武裝，父兄便以不才目之」，他痛陳道：「無事袖手談心性，臨危一死報君王，即為上品矣！」，並認為其根子裏就是「千餘年來，率天下人人故紙中，耗盡身心氣力，作弱人、病人、無用人者，皆晦庵（朱熹）為之也」，「長此不返，四海潰弱，何有已時乎？」（《朱子語類評語》《存學編》）。

文弱，正是中國知識分子與日本知識分子最大的差別之一。

中國知識分子的文弱，學術界一般認為是始於宋代。當趙匡胤取得天下時，基於五代時期「槍桿子出政權」的亂象，一方面「杯酒釋兵權」，另一方面「以文臣知州事」，不僅奪了丘八們的權，乾脆連槍桿子都藏了起來。到了宋真宗手裏，宋室達到強盛頂峰，真宗皇帝更是御筆親撰《勸學文》，宣稱「書中自有千鍾粟」、「黃金屋」、乃至「車馬多如簇」，鼓勵「男兒欲遂平生志，六經勤向窗前讀」，給天下人放了根很誘人的胡蘿蔔。

其實，早在之前的盛唐，當唐太宗李世民看到新進士們「綴行而出」時，很自得地說了句大實話：「天下英雄入吾彀中矣！」（《唐摭言》），深刻地昭示中國歷代知識分子的命運。我們甚至還可以推溯到更早，在「六王畢、四海一」的秦始皇年代，贏政大帝借著新政權的專政威力，乾脆把天下利器盡行收繳，鄰里鄉親不僅在法律上連坐，在生活上也只能幾家合用一把菜刀，真正親如一家人。史書記

載，這些利器被集中到京城咸陽，鑄成十二尊大塑像（不知道是否按照始皇帝的尊容量身度造的，待考證）。這場史無前例的大煉鋼鐵運動，其實已經將中國人的骨頭盡除鈣質，「秦漢而來中人之屈服於專制者二千有餘歲矣」（[清]麥孟華《說奴隸》）。梁啟超更將此概括為「一人為剛萬夫柔」（《中國武士道》），「數千年民賊，既以國家為彼一姓之私產，於是凡百經營，凡百措置，皆為保護己之私產而設，此實中國數千年來政術之總根源也」（《中國近十年史》）。

同樣作為牧民之術的科舉，在政治技巧方面，顯然比始皇帝收菜刀要更有技術含量。「萬人爭過獨木橋」，不僅為磨折精英階級的稜角提供了砂輪，也為廉價贖買知識分子提供了硬通貨，用「給出路」的方式換取忠誠，並建立對權力和利益共用的默契。清初的康熙年間，用開「恩科」的方式，就成功地消解了朱明遺民對新朝的敵意，幾頂烏紗帽勝過百萬兵，僅從這點政治手腕看，愛新覺羅家能坐兩百多年的天下，絕對不是偶然的。此後國史上也不乏在大災大難之後，用科舉來消解民間的積怨，把全國人民的思想和注意力統一到該統一的地方上去。

從始皇帝年代開始，中國知識分子便成為權力菜場裏的大蔥，所謂「學得文武藝，賣於帝王家」，連躲到終南山上裝隱士這樣富含「小資情調」的方式，也成為自我炒作的捷徑。顏元說得十分透徹：「宋元來儒者卻習成婦女態」，全國成了一個放大的禁宮，絕大多數人在精神上被集體去勢，而望眼欲穿地、苦心孤詣地等著權力的臨幸。到了明代，甚至連開疆拓土、戎馬征戰的軍國大事，也必須在宦官的監督下進行。著名的鄭和下西洋，在令後世中國人自豪的同時，也為鄭和的宦官身分尷尬不已。一個民族僅存的一點陽剛，卻要通過一個太監去實現，這既是三寶太監個人的榮耀，也是整個民族的悲哀。至於《易經》所謂「弧矢之利，以威天下」，則只被當作對內

「去勢」的手術刀，而非對外征伐的利刃。「內戰內行、外戰外行」從此成為中國之痛，對此，「聖人」朱熹自我寬慰道：「古先聖王制御夷狄之道，其本不在於威強，而在於德業;其備不在於邊境，而在於朝廷;其具不在於號令，而在於紀綱」。在這樣的精神指引下，中國從鴉片戰爭開始直到甲午戰爭結束，整整五十五年後，才痛感要變法圖強。

甲午戰爭期間，大量西方記者跟隨日軍採訪，他們驚訝地看到貌似強大的清軍居然如此羸弱。雖然拜洋務運動的開放成果，清軍精銳部隊淮軍的武器裝備甚至強過日軍，但依然戰鬥力低下，而且軍紀極其敗壞，幾乎沒有後勤供應，「中國皇帝好像忘了士兵們要吃軍糧、發軍餉」。一些西方報導說因為清軍實在紀律太差，擾民太甚，朝鮮人將日軍當作解放者來歡迎。王安石當年就曾指出：「至於邊疆宿衛之任，則推而屬之於卒伍，往往天下奸悍無賴之人」（《上仁宗皇帝言事書》）。西方記者也馬上看出了門道，Good iron is not beaten into nails; good men are not made into soldiers（「好鐵不打釘、好男不當兵」）便成為當年西方讀者耳熟能詳的中國成語之一。作為社會精英和中堅力量的知識分子，則被有意識地導引到「書中自有黃金屋」的「彀中」了。

日本的知識分子就似乎沒有這麼好的行情，他們缺少像中國皇帝那樣的大主顧，可以對士人進行「統購統銷」，因而還是不脫「野蠻」，保持了尚武的舊習，即使在很想學學中國老大哥建立中央集權的德川幕府眼中，「左文右武，古之法也，不可不兼備矣」（1615年《武家諸法度》）。日本「讀書人」居然身佩雙劍，曾經給來訪的大清學者們極大的震撼。

「崇文」與「尚武」的分歧，造成中日兩國知識分子在向西方學習過程中的巨大差異。同樣被西方的「船堅炮利」所震撼，中國甚至比日本更早地獲得製造西式槍炮的人才和技術，但卻嚴加控制，擔心被「盜賊」所用，繼續秉承秦始皇收菜刀的光榮傳統。而在日本，只因為葡萄牙人「帶來了火槍」，人們就「懷著感激的心情虔誠迎接」（英國史學家薩索姆），日本的知識分子甚至全身心地參與到西式武器的研製中，槍支和火藥的製作方法傳入日本後僅十二三年，日本全國已有萬支步槍。書生研究殺人利器，而且「槍支氾濫」，這在全面禁止民間持有武器的中國是不可思議的，而日本學者卻堅信這直接或間接幫助「民眾知識分子們」提高了「開始覺醒的現實主義、客觀主義乃至合理主義的知性道理的精神」。

在西方壓迫下率先覺醒的日本知識分子，將民族救亡作為首要目標，兵學因此成為顯學。他們面前既沒有金榜提名的胡蘿蔔，後面也沒有莫談國事的大棒子，加上明治維新前後大量武士轉變為知識分子——包括前文說提到的伊滕、井上、高杉等都是武士出身，日本知識分子群體便具有濃烈的陽剛氣息。甲午戰爭期間，日本出了不少「儒將」，不僅能打仗、打勝仗，而且還能寫一手漂亮的漢詩，寫起中文告示來也能把自己堂皇地包裝為仁義之師，忽悠水準絲毫不亞於中國的刀筆吏。

與中國同道的「婦女態」不同，日本知識分子的「尚武」精神，不僅表現在戰場上，也表現在內政上。明治維新前後，日本知識分子開始享有很高的自由度，政黨政治開始建立，言論自由得到基本保障，報刊空前繁榮，他們可以自由地批判政府，思想交鋒更是盛極一時，既有呼籲征服支那的國家主義吶喊，也有重視民生的平民主義的呼喚，著名思想家德富蘇峰就曾說：「沒有『居住與茅屋之中』的勞動人民的幸福，則『絢爛之軍備、遼闊之殖民地與強大之帝國』均無任何價值」（《將來之日本》）。

明治維新區別於中國洋務運動的特徵，一在於實行政治體制改革，建立民眾參與程度更高的君主立憲體制；另一個重要舉措，就是大力推行義務教育，全民「知識分子化」。國家的有限經費，在資助官員、貴族們出國考察外，更是大力推行基礎教育。這其實是一場具有日本特色的不流血的「階級革命」，通過教育（當然還有其他改革）打通了不同階級的隔膜，為中下階級（尤其是中下武士階層）通過自身努力獲得更高社會地位提供了空間。我們甚至可以說，自西南戰爭後，日本便只有外戰而沒有內戰（或所謂的革命），一靠立憲制度提供政治上的相對自由，及時釋放社會的積怨；二靠教育的普及提供個人奮鬥的階梯。而甲午戰爭的巨額賠款，更是大量被用於日本義務教育的普及，而不是興建歌功頌德的「十大建築」之類。

甲午戰爭期間的著名間諜學者荒尾精，曾撰寫《興亞策》，闡述他的興亞思想。在這篇給日本高層的上書中，他指出如果日本能掌握中國，「以其財力，養一百二十萬以上之精兵，配備百艘以上的堅艦而綽綽有餘。若再將日本的尚武精神與中國的尚文風氣相融合，並行不悖，相輔而進，則東洋文明必將發揚於宇內，宣示亞洲雄風於四海。」

# 13 「海龜」大對決

中國第一代外交家郭嵩燾曾認為，在洋務方面，李鴻章「能見其大」，丁日昌「能致其精」，而沈葆楨「能盡其實」。身為福州船政大臣的沈葆楨，的確在提倡西學、實行洋務方面十分紮實細緻。但對體力勞動的鄙視甚至滲透到他的管理中，儘管他十分注重科學技術，但多停留在書本學習上，他和他的團隊很少深入到船舶設計和建造的第一線身體力行，科技的應用成為領班工長以下的「下等人」的工作。

與此相對應的是，在伊藤與井上等五名日本青年前往英國留學的三個多月航行途中，都要在帆船上幹粗活，而當時伊藤病得甚至差點喪命。明治時期的另一位著名政治家青木周藏，在留學德國學習法律時，居然還涉獵醫藥、政治、軍事、經濟乃至啤酒、紙幣、地毯等的製作，動手能力很強。

是「君子動口不動手」，還是「該出手時就出手」，成為兩國知識分子乃至兩國國家特性的分野。中日兩個民族在甲午戰爭中的首次對決，不僅是軍事PK，也是立憲制度與專制制度的PK，更是兩國知識分子之間的PK。

實行君主立憲的日本，雖然天皇擁有相當大的話語權，但戰爭的發動還是更多地取決於以伊藤博文為首的內閣。日本知識分子成為政權的核心力量，有足夠的權力對全國資源進行動員和運用。反觀中國，以李鴻章為代表的「辦事者」，卻不得不在正面抗敵的同時，還要在背面應對以翁同龢為代表的「評論者」的冷嘲熱諷乃至落井下

石，而在最高統治者看來，「將相不和」從來就不是壞事。更為驚心的是，中日戰爭似乎演變成了日本與北洋的戰爭，戰力尚在的南洋艦隊袖手旁觀，更別說執行清議所誇誇其談地揮軍直搗日本本土，演一則圍魏救趙的好戲了，西方報導就曾略帶尖刻地指出甲午戰爭其實是李鴻章以一人敵一國。

日本從執政團隊到前線的中高級軍官，幾乎是清一色的「海龜」團隊，即使沒有留過洋的一些陸軍將領，也都接受了良好的西方軍事訓練，受過近代教育。中國方面則從李鴻章開始，多是從未跨出過國門的「土鱉」，這導致雙方在國際形象塑造上大相逕庭。

日本的決策層年富力強，伊藤博文時年五十四歲，而中國決策層相對老邁，李鴻章當時已經是年逾七旬的老翁。這簡直就是旭日帝國挑戰老大帝國的生動寫照。

日本儘管有內爭，但「民主集中制」執行得很好，鬧歸鬧，朝野還是一心對外，甲午戰爭令日本國內各階層空前統一，明治維新、西南戰爭等造成的隔閡，迅速被彌和。而中國方面，清議擾擾，說風涼話的、下拌子的、瞎起鬨的，應有盡有，甚至還有乘機誣陷李鴻章父子通敵賣國的，令李鴻章憤怒異常。

甲午戰爭的海戰戰場，則成為雙方新一代「海龜」將領的角鬥場。北洋艦隊和日本聯合艦隊的不少軍官，多有留洋的經驗，有的甚

伊藤博文是個中國通，左圖為伊藤博文的中國書法作品。

至是同學或校友。同樣的西方教育背景，同樣的歐洲產鐵甲軍艦，同樣的完全用英語進行的戰場指揮，背後較量的就是軍事之外的因素。北洋艦隊之敗，實在非戰之罪也……

硝煙尚未散盡時，伊藤與李鴻章在馬關開始談判。在國家利權爭奪外，雙方也涉及了很廣泛的話題。伊藤建議大清「必須對明於西學、年富力強者委以重任，拘於成法者一概撤去」，當他說這話的時候，他留英時期的好友羅豐祿、伍廷芳也正襟危坐在李鴻章側後。當年的英倫同窗，如今一方貴為國家元首，另一方卻還廁身幕僚。據說李鴻章對此亦深有同感，回國後奏請將羅、伍二人起用，分別出使英、美。但終其一生，二人與昔日同學伊藤在功業上終究難比。這種個人命運的差別，正是兩國知識分子命運的戲劇性對照。

當李鴻章用同文同種、一衣帶水的「情感牌」來和伊藤套近乎時，伊藤一邊用「中堂之論，甚愜我心」順勢化解，一邊將一個沉甸甸的話題扔還給李鴻章：「十年前我在天津時，已與中堂談及，何至今無變更？本大臣深為抱歉。」

李鴻章倒也坦率：「維時聞貴大臣談論及此，不勝佩服，且深佩貴大臣為變革俗尚，以至於此。我國之事，囿於習俗，未能如願以償。當時貴大臣相勸云，中國地廣人眾，變革諸政，應由漸來。今轉瞬十年，依然如故，本大臣更為抱歉，自慚心有餘而力不足而已。貴國兵將，悉照西法，訓練甚精；各項政治，日新月盛。此次本大臣進京，與士大夫相論，亦有深知我國必宜改變方能自立者。」

甲午戰爭後，士大夫果然被震驚了，但所掀起的第一波浪潮，不是自省和反思，而是將責任悉數歸咎到李鴻章「賣國」，拒簽馬關條約、請誅李鴻章的呼聲響徹朝野。

在甲午戰爭的刺激下，改革的浪潮在中國第一次形成全國範圍內的共識，日本的軍刀終於撕開了中國士大夫傲慢的外殼。但即使涵蓋範圍極廣的戊戌變法，也沒能如明治維新那樣進入「深水區」，滿清小團體將維護自身利益的準則包裝成對改革的穩健持重，這進而導致改革成為一場野心家的鬧劇和既得利益者反攻倒算的流血悲劇。隨後，知識分子再度淪為政爭工具和犧牲品，而民間歇斯底里的反智情緒大爆發則導致破壞力巨大的義和團運動；逃亡海外的所謂改革者，迅速地將悲情變為斂財乃至大交桃花運（看看康「聖人」在海外的「人財兩得」）的道具；而無論海內外的知識分子，從此也認定了「槍桿子」強過「筆桿子」，握筆的手開始紛紛拿槍，其殺傷力竟是武夫們自歎不如的。

甲午戰爭也同樣對日本的知識分子產生巨大的影響。曾經的平民主義者全都在勝利、尤其是巨大的戰爭紅利帶來的激情中消失，國家主義成為日本主旋律。馬關條約簽訂後，俄、法、德三國干涉還遼，竟然給了德富蘇峰這樣的民權主義者以「強權戰勝公理的事實教育」，他在自傳中說：「歸還遼東一事，支配了我一生的命運，自從聽到這一消息，我在精神上幾乎與過去判若兩人，」從此自命為「帝國主義的急先鋒」。

梁啟超曾經對李鴻章與伊藤博文做過一番對比，認為無論是地位還是功勳，伊藤都遜色許多，但有一事卻佔足上風：他「曾遊學歐洲，知政治之本原是也。此伊所以能制定憲法為日本長治久安之計，李鴻章則唯彌縫補苴，畫虎效顰，而終無成就也。」梁啟超認定李鴻

章「不識國民之原理，不通世界之大勢，不知政治之本原。」

其實，梁啟超還是沒能看透或有難言之隱：只要看看李鴻章出訪歐美的精彩對談，以其才幹和閱歷，怎會不知「政治之本原」？但勢禁形格，李鴻章就算知道，又能如何呢？

同樣是梁啟超所記，中俄伊犁之戰時，李鴻章徵詢前來拜訪的戈登（Charles George Gordon）的意見，戈登說：「中國今日如此情形，終不可以立於往後之世界。除非君自取之，握大權以大加整頓耳。君如有意，僕當執鞭效犬馬之勞」。

李鴻章聽罷，「瞿然改容，舌矯而不能言」。

不知當日李中堂與戈登有否青梅煮酒，或許中堂大人也希望有驚雷掠過而落箸吧？

# 14 英國震撼提議：分割朝鮮、中日各半

甲午戰爭前夕，中日在朝鮮劍拔弩張，危機一觸即發。日本不顧中國提出的共同撤軍的要求，反而不斷增兵。英、俄等國多方調停未果，就在戰爭打響前幾天，一心要維護東亞安定的英國拋出了一個驚人提議：沿仁川、漢城一線分割朝鮮，由中日兩國分別佔領。

其實，這一提議是由日本駐英國公使青木周藏首先談起的。1894年7月14日，青木周藏晉見英國外交大臣金伯利（Kimberley），商談英日商約修改之事。雙方論及朝鮮局勢，青木建議，由於中日兩國不可能達成從朝鮮撤軍的協議，最好的方案就是兩國繼續共同佔領，分頭駐紮，即雙方軍隊撤出漢城和仁川，以此為界，日軍佔領朝鮮南部，中國佔領朝鮮北部。如此，不但可以避免雙方衝突，還可以逐步實現改革朝鮮內政的談判。

從事後的各方走向看，青木周藏此一建議，並非日本官方政策，有可能是這位老辣的外交官對汲汲於調停的英國的忽悠，也有可能是他確有此想法，先作一試探。

但金伯利一聽，大為激賞，遂作為英國新的調停目標，電告駐中國公使歐格訥，要求其與總理衙門協商，以此作為防止衝突、爭取談判時間的應急措施，同時也電告了駐日本代辦巴健特。

7月16日，金伯利親自將此提議告知中國駐倫敦公使龔照瑗，並要求龔照瑗先報告給李鴻章，然後再與總理衙門商議。

歐格訥與總理衙門的協商是在7月18日。當日，歐格訥拜會總理衙門大臣奕劻等，共同討論朝鮮局勢。會議期間，英國使館給歐格訥

送來剛收到的倫敦電報，電報中告知說英國政府已經向龔照瑗提議，中日雙方以漢城為界分頭駐紮，「彼此不至見面」，然後從容談判。歐格訥看後，遂將此建議告知奕劻等。中國方面此時尚未得到李鴻章及龔照瑗的報告，便表示：「此說尚公道，俟我們公商後再覆。但不知日本肯聽否？且俟龔大臣電來再說。」

次日，李鴻章所轉龔照瑗的電報送達總理衙門。李鴻章認為，中日分佔朝鮮以漢城為界不妥，因中國軍隊主要集結在朝鮮南部的牙山（此處是東學黨叛亂的前線），如此劃界、容易引起衝突，不如請英國要求日本撤出仁川，將其作為「通商公共地」。

總理衙門商量後，決定接受分佔朝鮮的建議，7月20日電令李鴻章通知龔照瑗將此決定轉告英國政府。總理衙門認為，將朝鮮分割為南北兩半，中國控制北朝鮮，與此前軍機處提出的將駐朝軍隊往北收縮是相符合的。但是，前線將領葉志超提出，軍情危急，如果從海路移防平壤沒有安全保障，而從陸路移防，則必須經過日本防線，且日軍兵力遠甚於清軍，他提出繼續留駐牙山待援。李鴻章也建議向牙山

清廷總理衙門決定接受分佔朝鮮的建議

1894年6月9日，日軍在仁川登陸，隨即進佔漢城。

增兵，一是保障牙山清軍安全，二是在緊急時候還能與北面的大軍夾擊日軍。這一部署，顯然與中國佔領北朝鮮相矛盾，總理衙門要求李鴻章「妥善統籌」，處理好「牙山孤軍在日軍重兵之後，究竟如何進退自如」的事宜。

龔照瑗接獲國內指示後，幾乎天天到英國外交部打聽進展，但日本對分佔朝鮮之事卻無答覆，直到7月25日豐島戰火燃起，龔照瑗還在每日發李鴻章的電報中告知「倭無回覆」。

其實，日本方面在得到英國的正式提議後，一直密切關注著中國的反應。在日本駐英國公使青木7月19日發給日本外務省的電報中，報告了在其與金伯利的會談，金伯利透露說中國對分佔朝鮮表示認可。金伯利同時警告日本，如果在20日未能協商成功，中國將向仁川派兵12萬。青木本人的意見是傾向於接受分佔朝鮮，他認為這樣的話

朝鮮就成了另一個埃及。但他強調，在與中國訂立佔領條約時，一定要保障日本利益。

而在日本駐華臨時公使小村在北京與歐格訥會晤後，認為分佔朝鮮的方式只對中國在外交和軍事上有利，小村本人反對這一建議。

日本政府也並不準備接受這一和平獲得南朝鮮的機會，在7月21日發給青木的訓令中，明確拒絕這一建議。訓令中說，一方面，外務省因電報線路問題，遲到7月21日才收到青木前電，因此，英國設立的20日的最後期限已經過去。另一方面，日本亦已向中國發出「第二次絕交書」，「現在就不可能考慮另一個計畫。」

英國當然很不高興，但還希望日本能回心轉意。7月26日，英國駐日本代辦巴健特向日本外相陸奥提交備忘錄，解釋說分佔朝鮮就能避免中日發生軍事衝突，日本此前對中國提出的要求是過分的（應指所謂的「第二次絕交書」），但中國方面表示可以考慮將日本所要求的在朝鮮「與中國政治經濟權利之平等」，改為「與其他列國政治經濟權利之平等」，並且表示，「日本政府不應失去此時機，因為中國以後不能像現在這樣有準備傾聽我們的勸告」。

巴健特所不知道的是，就在前一天，日本軍艦在朝鮮不宣而戰，攻擊中國軍艦及運輸船，並且打沉了運送清軍的英國商船高升號，日本所希望的，不是漢城以南，而是整個朝鮮，並且抱定破釜沉舟的決心，其作戰方案的底牌就是：一旦海軍戰敗，喪失制海權，則海陸軍全線收縮回本土，抗擊中國必然到來的報復。

朝鮮的一次南北分裂被戲劇性地避免了，但東北亞卻迎來更為血腥的新世紀……

# 15 大清朝的抗日娘子軍

古有花木蘭，替父去從軍；今有娘子軍，扛槍為抗日。正當大清軍隊在前線屢戰屢敗，引起全國民心失望的時候，上海卻爆出了大新聞：一支娘子軍已經整裝待發，開往抗日前線與敵奮戰。

上海的著名媒體《點石齋畫報》，以圖文並茂的方式報導這一雷人的消息。報導說，左寶貴戰死沙場後，其夫人「痛夫情切」，「號召巾幗中之有鬚眉氣者」，建立一支娘子軍，要「為夫報仇」。

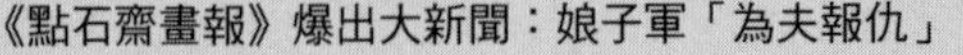
《點石齋畫報》爆出大新聞：娘子軍「為夫報仇」。

甲午戰爭中，因作戰英勇而捐軀，並被時人和後人一直景仰和祭奠的清軍高級軍官，並不很多。陸軍的左寶貴與海軍的鄧世昌，是其中的卓越者。左寶貴並不出身李鴻章的淮軍，而是跟隨僧格林沁起家的，在北洋系大軍雲集的朝鮮戰場，他算是少數派。平壤保衛戰中，他為了表示誓死的決心及激勵士氣，居然身穿黃馬褂及全套朝服，翎頂輝煌地指揮作戰。左寶貴駐守玄武門，因主帥葉志超臨陣脫逃，防線被日軍突破，左寶貴所部堅守陣地，左寶貴親燃大炮向敵軍轟擊，先後「手發榴彈巨炮三十六顆」。部下感奮，拚死抗禦。日軍炮彈彈片貫穿左寶貴肋下，但他負傷不退，終被日軍狙擊手擊中而陣亡。左寶貴迅速被大清政府樹立為愛國典型。

《點石齋畫報》報導說，左夫人組建娘子軍的事驚動了紫禁城，皇上看過本章，止之曰：「中國堂堂之上邦，滿朝文武，與左軍門報仇者何患無人。何必使婦人從軍，為外邦見笑耶？」遂不許為夫報仇之事。在整個民族最悲痛的時刻，《點石齋畫報》以一種特殊的方式娛樂大眾，至少起到了精神上的減輕痛苦的作用，難以磨滅。娘子軍的報導，自然又是其「新聞體」小說的一種，遍查史料也找不到此支娘子軍的丁點信息。百年前的傳媒人，其忽悠和娛樂精神絲毫都不輸於當代。

《點石齋畫報》經常以小說般的新聞高舉正確的輿論導向大旗，迎合民眾，清軍在前線的潰敗都被報導成了大捷。朝鮮牙山戰役（又稱成歡之戰）清軍大敗，《點石齋畫報》卻發表了一篇圖片報導，題為《牙山大勝》，報導說：

牙山離海口不遠，向為華兵戍守之所，此次葉曙卿、聶功亭二軍門之督兵援高（即高麗）也，駐守期間，頗得形勢。乃倭人不知利害，突於六月二十五、六等日，有倭奴之名亞希瑪者，聞中國六軍將到，深恐四面受敵無處逃生，遂率倭兵四千餘人前來攻擊。時華兵僅二千餘名，各奮神威，短兵相接，無不以一當十。鏖戰良久，我軍大獲勝仗，斬獲倭首二千餘級，刃傷倭兵不計其數。倭兵官見勢不佳，急調佔據韓京之兵回陣助戰，而兵鋒既挫，依然敗北而逃，倭兵死亡枕籍，滿目瘡痍，有自相踐踏者，有長跪乞哀者，悲慘之形動人憐憫。華軍聲威大振，奏凱而回。是役也，我軍以少勝多傷亡無幾，而倭兵已死傷過半矣。若待厚集雄師大張撻伐，吾恐倭人皆不知死所矣！

中國此類傳奇歷來不少，雖能「反映廣大人民群眾的願望」，但也展現了中國人在自我精神治療方面的特殊能力。從歷史經驗看，當一個國家或團體熱衷於製造娘子軍、兒童團的神話時，這個國家或團體估計也不會是早上八九點鐘的太陽了，「十四萬人齊解甲、寧無一人是男兒」，古人早就看透了這些把戲。

日本人在當年的畫報中，描繪另一種牙山戰役畫面。在我收藏的多種日本當年的戰鬥畫報、雜誌中，那化裝成女人逃走的葉志超儼然是大清的第一名人。東陽堂發行的《風俗畫報》增刊《日清戰爭圖繪》，其每期封底基本都是廣告，而獨為葉大人放棄了一期廣告，將他作為封底人物，並配詩一首：

功名非所慕/一意只奔逃/鶴唳風聲際/知君汗馬勞

在該畫面上，為日本將軍配的詩是：

揮刀時逐敵/躍馬又衝營/一將奏功日/萬邦傳大名

牙山大勝：點石齋畫報的假新聞

浮士繪：牙山大捷圖

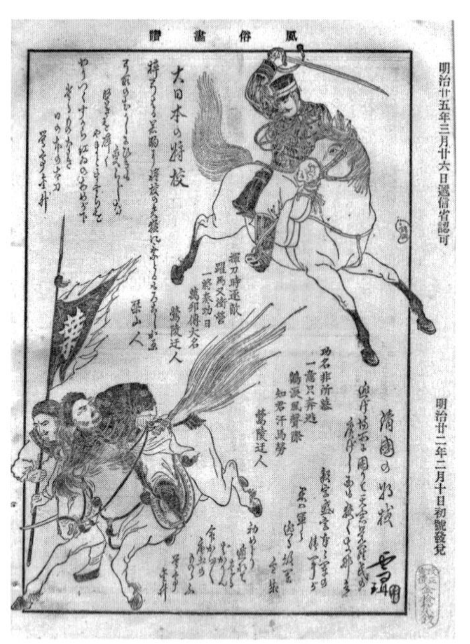

日本《日清戰爭圖繪》對葉志超進行嘲諷

顯然，兩首五絕中，文字上看，描寫葉大人的這首嘲諷詩要明顯優於另一首讚美詩，似乎又一次驗證了拍馬的文字都不如激憤或嘲諷的文字。

文章憎命，筆桿子編出來的勝利畢竟不是槍桿子打出來的勝利，倘能報捷，即使禿筆又何妨，而為粉飾，筆下生花亦是枉然……

# 16 日軍家書：鞠躬盡瘁征討中國

一位日本老父親，給身在前線的兒子寫信，勉勵他為國家鞠躬盡瘁，不必顧念家中一切，絲毫也沒有受到「軍國主義」脅迫的痛苦和無奈，字裏行間倒洋溢著濃烈的家國情懷。

這封信，顯然十分符合日本政府的輿論導向，因此，可以被半官方的《日清戰爭實記》所轉載（第三十一編）。

這位父親，名叫森鷗村（森是姓），信是寫給他兒子森貞吉的。顯然，森鷗村有著相當厚實的漢學修養，全信均用漢文文言寫就，用典用詞也比較講究。《日清戰爭實記》收錄時，題目是《送兒貞吉從軍之支那序》，估計應該是戰後將家書（包括詩文）合集出版時，將這封信作為序言之用。甲午戰爭勝利後，很多日本文人都將戰時家書合集出版，以紀念他們這場「偉大的勝利」。在當時的日本報刊中，這類書信集的廣告不少，可見其還是有相當市場的，這些私人出版物現在也成為甲午戰爭研究重要一手資料，可惜中國學者基本對此十分漠然。

森鷗村在這封家書中，首先把戰爭全貌描述了一番：

日支構難，已數閱月。我陸海軍，於豐島，於成歡，於牙山，於平壤，於黃海，連戰連勝，追奔逐北。懸軍長驅，飲馬鴨綠江，直陷奉天，以為根據。陸海並進，行將屠山海，破天津，只衝北京，使清帝面縛輿櫬，降於我轅門，何其勇且壯也。夫平壤者，敵兵悉銳死守，而我兵一蹴就之，優勝劣敗，大事已定。

這段中，「面縛輿櫬」典故出自《左傳》：「許男面縛銜璧，大夫衰絰，士輿櫬。」意思是雙手反綁、用車載著空棺，表示投降並自請極刑。面縛輿櫬基本是中國歷史上投降的主流模式，劉阿斗投降時就用的這個儀式。一個日本鄉間的老先生，也在憧憬著中國皇帝投降的一天。

隨後，這位父親談到明治初期的內戰，認為那是「同胞相殺，有中心難忍者」，然後話鋒一轉，說現在這場對華戰爭就不一樣了：「今役不然，伐異域，戮異類，以聲我義，揚我威，實千載一時不可失者。故苟有義氣者，所在蹶起請從軍，皆不允，欲率汝輩以終局，其幸榮果如何哉。」內戰、外戰，於國民情緒當然是不同的。國內外史學界比較認同的一點是，日本當時國內矛盾很尖銳，經濟發展停

日軍攻擊中國本土時，天已大寒，作戰條件十分艱苦。圖為清軍在威海衛時的情景。

滯，發動甲午戰爭的直接目的之一的確是轉移國內矛盾。

這位父親深情地開始為遠在中國的孩子擔心：「雖然自犯兵家忌，方冬北伐，驅數萬兵馬，轉戰於層冰積雪間，防寒之具雖備，恐不能免凍死。或免，不嬰疾病者殆稀。」顯然，他對此一戰爭的殘酷也有了相當的認知，後面就提到了拿破崙征俄故事。「往年莫斯科之戰，佛人（即法蘭西）凍死者十餘萬。我台灣役，斃瘴毒者亦伙。」

他說：「殷鑒不遠，可不寒心乎？於尋常寒暑，猶且害人，況其酷熱者乎？人非木石，少（稍微的意思）不慣水土，往往釀疾，況淹萬里客土，日夜冒冰雪。雖強健著不能免，況汝蒲柳之質，一朝傷寒，不死敵而死病，使余失嗣子，以永絕先祀。不幸孰大焉？」親情流露，思緒複雜。

接著，他說：「頃讀陸軍省報告，在韓兵卒，病死者不堪，蓋中暑之所致。今也夏過冬將至，北地嚴寒，果出意想外，汝何以能耐之？余之所杞憂是而已。」這說明，日軍在夏季戰鬥中，因天氣因素傷亡較大。甲午這一年，夏季特別炎熱，冬季特別寒冷，交戰雙方都相當艱難，但清軍畢竟佔據「主場優勢」，如果準備應對得當，天氣可抵十萬雄兵。時人有論述到那年天氣的，認為這是天意憐我，但天意二字，實在莫測，黃海大東溝海戰時，我艦就曾發一魚雷，直射日艦比睿號，但居然在即將觸艦時，鬼使神差地潛入艦底下方穿過，敵大驚而終無礙，詭秘異常。

情已訴畢，理就上來了。在「死生有命，忠孝難兩全」後，森鷗村勸導兒子，此戰「實開國未曾有大事，國家危急存亡之所隸，而吾人之榮辱休戚亦繫焉......雖連戰連勝......絕不可安棲。」他說：「苟為軍人者，宜慷慨赴難，鞠躬盡瘁」，命都能捨，「何惶區區憶親思家乎？」

他甚至連兒子的功名心都要敲打敲打：「汝切莫介懷，一意專心，銜龍尾，攀鳳翼，以建功勳」，男子漢大丈夫，志向應當是「家國民人，而不在功名富貴」！讀信至此，即便身為仇敵，也不禁肅然。最後，這位父親教誨兒子要團結戰友：「夫一隊猶一里，一伍猶一家，困厄相恤，疾病相護，旅進旅退，每戰必捷，以副輿望。」

在《日清戰爭實記》所收錄的大量用漢文寫作的詩文中，這封家書是最令我感慨和唏噓的。這麼好的一封信，它所激勵出來的，是怎樣一個兒子、怎樣一個軍人呢？再看看那些充斥戰時雜誌的商業廣告，甚至直接用殺人圖片作為招徠，這難道只是「廣大人民」被「一小撮軍國主義者」蒙蔽和裹挾了嗎？

中國人總是一廂情願地將近現代日本的獸性歸咎到某種「主義」（軍國主義或法西斯主義）上，似乎成千上萬的日本人都只是誤上賊船而已。這在「術」的層面上，作為一種公關、統戰工具，未嘗不可。但若真以為是，則不僅是幼稚的，甚至是危險的自欺。

所謂「主義」固然在塑造著人，但「主義」本身更是由人所創造，更是由人在實踐的。同一「主義」，在不同的人群手中，會實踐出不同的、甚至完全相反的現實體現來。日本百年禍華，與其說是軍國主義毒害了國民，不如說是其國民性格和利益訴求製造了軍國主義。在甲午戰爭中，「日本人民」並不是侵略戰爭的受害者，而是受益者，甚至戰爭發動本身，也是為了讓這些「人民」能提高生活水準、拓展生存空間。甲午戰爭作為日本近代史上第一次海外作戰，成功地在剛剛統一起來的日本推行了強烈的民族主義，日本人第一次集體凝聚到同一面旗幟下，為了同一個目標而奮鬥。而甲午戰爭也令日本「人民」獲得了巨大的戰爭紅利，無論教育、醫療、還是經濟，都得到飛速的發展，而此後不斷移民朝鮮和中國東北的日本「人民」，得到巨大的殖民利益，從而洋溢著無比的驕傲和自得。由武裝平民組成的「滿蒙開拓團」等民兵組織，直到1945年日本戰敗投降前都在

中國扮演著積極的殖民者的角色。「軍國主義」背後是強大的民意力量，其中包括那些屬於「被壓迫階級」的工農。如果非要說「廣大日本人民」「也」是受害者，則他們並不受害於侵略或「軍國主義」，而只是受害於「失敗」。

把「主義」當作分析和解決問題的癥結，最後就只能在「主義」的高低和好壞上進行無謂的爭論，而偏離了實質的利益分析。簡單地妖魔化某種「主義」，並把一切罪孽都安到它頭上，其實是對歷史解讀的偷懶，這固然有利於把民眾都統一到某些「主流的」思想和框架中，但同時也易培養弱智如同東郭先生者，在貸款、援助、下跪道歉等「糖衣炮彈」面前，喪失分辨力。

# 17 日本小村莊立碑紀念侵華

甲午一戰，日本贏得完勝，舉國狂歡，幾乎所有有參戰人員的村落，都舉行了紀念活動，全國也到處樹碑立傳。《日清戰爭實記》就輯錄了不少「優秀」碑文。

浮士繪：日軍為陣亡者樹碑立傳

一篇署名為川島裕齋的碑文《征清軍凱旋碑》，完全用漢文文言文寫成，頗有古風。碑文中提到，他們村子裏有九人參戰，都立功而歸，回國後沉浸在勝利的喜悅中，於是便在村子裏立了塊凱旋碑，將豐功偉績昭示後人。

這篇顯然由鄉間塾師所寫就的碑文，卻一樣有著宏大的「國際視野」，文氣浩蕩。因其為淺顯的文言，特全文照錄於此，括弧內為我的注解：

聖上中興二十有七年（1894年為明治27年），韓國內訌（東學黨暴亂，即下文的『賊』），守臣不力，賊勢日熾，上下脅息。京城戒嚴，遂乞援於我（朝鮮政府乞援於宗主國中國，日本是不請自來，霸王硬上弓）。

聖上軫念乃顧舊盟，為告清國。欲左提右挈與共靖其難。而清人傲頑，不啻渝其盟，翻籏亂人，陰為之聲援，又敢派大兵，邀擊我戰艦。聖上乃發詔宣戰，大戒六師，艨艟蔽海，銃蛟滿野，以訊其罪，名正言順，旭幟（太陽旗，華人常貶之為膏藥旗，近有網友惡搞考據此即日人為武大郎後代之據也——燒餅旗）所指，勢若破竹，陸拔金城，海挫鐵艦，蓋平之攻，積屍成田；旅順之陷，流血漂鹵（旅順大屠殺果然是流血漂鹵，日本人其實一點也不隱諱），而韓人之內鬥，煙散霧，八道自安定矣。

清人惶惑不知所出，特差重臣乞和，割土地償軍資。聖上寬仁，遂聽其請，方始戢師。大奏凱歌，振旅而旋。恭惟我有事於海外舊矣，自神後爾來，觀兵耀威，固不一再而止。然其宣揚威武，光被仁恩，使海外萬國，重我如九鼎大呂（該目的倒真是達成了，日後再與沙俄一戰，更是奠定日本的東方霸主地位），若是役者曠古所未有，是固雖聖天子文武聖德，應天順人之所致，元勳畫策適機宜之效，抑亦謂之非從軍諸子克履果毅，若貔若虎視死如歸，忘家報國之功可乎哉？

《日清戰爭畫報》封面

《日清戰爭畫報》內頁

是役我村中從軍者九人，皆力戰立功，相繼罷歸。於是，同志胥謀，椎牛灑酒，以慰其勞，且將刻其事於碑，以告後昆。若夫諸子雄心奇蹟，則載在史乘，人皆知之，餘復何贅焉？

看全文之語氣，豈止是一個小村莊的碑文，便是供奉到東京作為英雄紀念碑也不遑多讓，由此可以窺甲午之勝令日本全民如何膨脹。

日本的文化人，也在積極地記錄甲午戰爭，爭奪日後歷史的發言權。《日清戰爭畫報》的編繪者米仙田寬，就在畫報的序言中，毫不隱諱地表示，要將日軍的「豐功偉績」記載下來，「裨益世教，啟人心智」。他說：「若以古人投筆從戎為軒昂之事，予實為荷筆從軍，目睹此世所無雙之雄壯戰爭，歡欣雀躍之餘，不揣筆墨之淺陋，且無暇深思熟慮，倉猝執筆，將所睹之場面訴諸丹青，固為渺小之冊，倘於世教能廣有裨益，即或聊以激起同仇敵愾之心，亦為一大幸事。即令仍為無用長物、賞玩之具，又有何慮哉？」

半官方的《日清戰爭實記》，足足有50卷，而其中有大量的篇

浮士繪：靖國神社外景

浮士繪：靖國神社內景

幅報導戰死者的姓名籍貫，有大量文獻是各地紀念戰死者的碑文悼詞等。樹碑立傳之外，日本人更是在全國各地為「烈士」們舉行葬禮，連那些被大清政府處決的間諜們的屍首，也不惜大費周章，挖掘出來，運回國內，隆重安葬。一排排的神位被放置到靖國神社，天皇親臨祭奠。相比較之下，不說是百年前的甲午戰爭，即使一個甲子前的抗日戰爭，我們那些陣亡的將領們，又有幾人還能被後人記住名字？更有幾人還能在天堂享受到後人的祭祀呢？「公祭」一詞雖然在近些年來成了中國的熱門，但公祭的對象一律都是那些能「文化搭台、經濟唱戲」的人文始祖或古代名人，除了南京還在為死難同胞每年祭奠、瀋陽為「九一八」拉響警報外，國恥、國難連同那些罹難的祖先和抗爭的英雄，基本是從我們的公共記憶中消失了。

一方面是指責日本人參拜靖國神社，另一方面卻對自己的英雄和烈士毫無掛念，甚至將「紀念」包裝成了「經營」，如此世風，何能指望他人「正視歷史」？而那種依靠政治壓力、經濟交易和外交斡旋換來的「謝罪」又有什麼意義呢？

在日本人將他們的英雄供奉於靖國神社，即使冒天下之罵名也在所不惜時，偌大的中國，能為抗日英雄鮮花默哀之所在，尚餘幾多？神州萬里，如果我們想找個給英雄下跪的地方，我們自己的靖國神社又在哪裏呢？

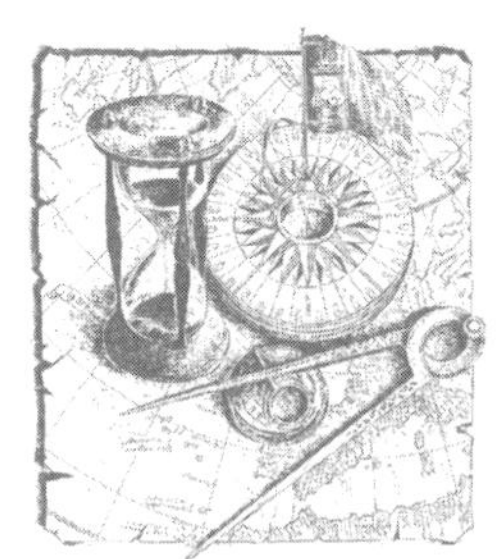

# 後記

在十多年前開始收藏晚清文物時，我剛開始人生的一個新階段：離開洋溢著母雞翅膀般溫暖的黨務「機關」和報社，下海經商，在上海郊區打理一家高科技醫藥生產企業。

當時絕對想不到，以我曾經客串的中文財經專欄作家身分，也能獲得澳大利亞移民部的熱忱歡迎。於是沒多久，「下海」經商便與漂洋「過海」一同進行了。「空降」到澳洲後，還沒來得及向任何一隻袋鼠做自我介紹，便又以一個完全外行的身分開始執掌一家大型金融公司的亞洲市場業務。劇烈的變化，令我在那段時間常感窒息，除了住家附近的雪梨歌劇院之外，任何名勝景點都沒去過，倒是因為公務，隔三差五就要到墨爾本、布里斯本等設有分公司的城市出差。在澳洲有限的這幾個大城市中，我至今唯一熟悉的就是從機場到公司的路。

那時，我做出了一個並不痛苦的選擇：封筆！不僅是因為寫作的時間對我來說過於奢侈，更因為直接下海游泳後，才發現自己當年的所謂財經評論是多麼稚嫩可笑。

隨即，工作之外的少數時間縫隙便被文物收藏所填滿。不斷地收集，不斷地比較，其間便不斷會有寫作的衝動，也只能強行抑制著，因為我給自己的心裏寫下了四個字：厚積薄發。

再後來，便有機會到國內參與地產開發，一個絕對「紙醉金迷」密集型的行業。巨額的資金進出，複雜的利益交換，幾乎每天晚上都要面對各種相當可愛的誘惑。於是，我開筆寫作，一是將積累近十年的思考整理釋放出來，二是藉此幫助自己稍稍增強點抗拒「紙醉金迷」的「慎獨」功力，令自己那並不寬廣的胸懷中，不至於完全被金錢和欲望所佔領。

對我而言，起初的歷史寫作純粹是件「獨樂樂」的私人遊戲，信馬由韁地在博客裏塗鴉，與幾個老同學、老同事互相唱和。沒想到，博客的點擊量很快上升，那些散漫的文字開始順著網路蔓延，報刊、電視臺和出版社也費盡周折找上門來，成了「眾樂樂」的互動遊戲。開專欄、出專著、做顧問，遊戲不再，而成了嚴肅的交流和共用。儘管被突然而來的虛名晃得有點恍惚，但我內心依然堅持「獨樂樂」時的寫作標準：認真地找一段新史料、說一個好故事、談一個新觀點。

比我這些粗淺的文字和觀點更有意義的，或許是我從私家收藏中挑選出來的近百幅圖片。這些圖片幾乎都來自百年前的日本宣傳品。我也嘗試著找大清國自己出版的圖片資料，但除了《點石齋畫報》有少部分相當粗糙的圖片外，別無所獲，令我歎息良久。

我想把這本書獻給我兩個還在上小學的女兒，Berall（霈珊）和Ceri（詠儷），雖然她們總是更習慣說英文，中國對她們來說只是一個有著一大堆親戚和一大堆美食的遙遠地方，但我還是希望她們有朝一日能對祖籍國的歷史發生興趣。

我也想把這本書獻給我的父母，我曾經斗膽地提醒他們，他們那代人所被灌輸的「近代史」是有著大問題的，因為缺少了最基本的要素：「真實」，並且我堅信，「真實」的缺位與他們所親歷的這麼多民族苦難，也有著直接的必然的關聯。

我要向讀者朋友們報告：這本書或許有著很多瑕疵，但它是認真的、也是真實的，我將因此而對於您付出的書款感到問心無愧。

最後，我有個請求：不管你信仰什麼，請你在翻完這本書後，與我一同禱告，為我們這個多災多難而堅韌不屈的民族！

謝謝。

（雪珥，2009年5月31日初稿，2010年6月21日修訂）

## 附錄：主要參考資料


>《日本外交文書》，日本外務省檔案

>《日清戰爭實紀》（1-50卷），博文堂，1894-1895年版

>《東亞先覺志士記伝》（3卷），日本黑龍會編，原書房1933年版

>《對支回顧錄》，日本東亞同文會編，原書房1968年版

>《日清戰爭》，檜山幸夫，東京講談社1997版

>《東アジア史としての日清戰爭》，大江志乃夫，東京立風書房1998版

>《日清戰爭から蘆溝橋事件》，吉岡吉典，新日本出版社1998版

>《日清戰爭と東アジア世界の變容》，大煙篤西郎，東アジア近代史學會編，東京ゆまに書房1997版

>《近代日本の形成と日清戰爭》，檜山幸夫，東京雄山閣出版社2001版

>《日清戰爭期の韓國改革運動》，柳永益，東京法政大學出版局2000版

>《日清・日露戰爭と法律學》，白羽佑三，東京日本比較法研究所2002版

>《明治前期日清交涉史研究》，安岡昭男，東京岩南堂書店1995版

>《日清戰爭と陸奧外交》，深谷博治，東京日本放送出版協會1940版

>《竹橋騷動と日清戰爭》，名草杜夫，東京回天發行所1994版

>《日清戰爭の軍事戰略》，齋藤聖二，東京芙蓉書房2003版

>《東鄉平八郎全集》，小笠原長生，東京平凡社1930版

> British Documents on Foreign Affairs-Rcports and Papers From the Foreign Office Confidential Print, Part I, Series E, Vol.5, Sino-Japanese War and Triple Intervention (1894-1895), University publication of America (Bethesda), 1989。《英國外交檔/中日戰爭及三國干涉，(1894-1895)》

> British Parliamentary Papers: V.3,, Reports, correspondence, returns and dispatches respecting Japan 1871-99. 《英國議會檔/第3卷》

> British Parliamentary Papers:V.5, Diplomatic affairs : correspondence, dispatches, notes and conventions respecting Chinese relations with Great Britain and other countries 1860-99. 《英國議會檔/第5卷》

> British Parliamentary Papers:V. 17,, Commercial reports : embassy and consular commercial reports 1890-94. 《英國議會檔/第17卷》

> British Parliamentary Papers:V. 22,, Reports of journeys in China and Japan by members of Her Majesty's consular service and others 1868-92. 《英國議會檔/第22卷》

> American diplomatic and public papers : the United States and China. Ser. 3, The Sino-Japanese War to the Russo-Japanese War, 1894-1905. V.1,, The China scene V.2,, The Sino-Japanese War, 1. Dacids, Jules. Scholarly Resources, c1981. Wilmington. 《美國外交檔第3編/從中日戰爭到日俄戰爭，1894-1905》

> Kenkenroku: a diplomatic record of the Sino-Japanese War, 1894-95, Princeton University Press, University of Tokyo Press, c1982. 《蹇蹇錄》

> The I.G in Peking-Letters of Robert Hart, Chinese Maritime Customs, 1868-1907, The Belknap Press of Harvard University Press, c1975《總稅務司在北京》（赫德書信集）

> FOREIGN DIPLOMACY IN CHINA 1894-1900, A STUDY IN POLITICAL AND ECONOMIC RELATIONS WITH CHINA, PHILIP JOSEPH, Law Exhibitioner (McGill)，1924《中國外交1894-1900：對華政治經濟關係研究》

> The Pigtail War : American involvement in the Sino-Japanese War of 1894-1895, Dorwart, Jeffery M., University of Massachusetts Press, 1975.《豬尾之戰：美國與中日戰爭1894-1895》

> The Sino-Japanese War of 1894-1895 : perceptions, power, and primacy, Paine, S. C. M., Cambridge University Press, 2003. 《中日戰爭1894-1895》

>《中國近代史資料叢刊・中日戰爭》（1-7冊），中國史學會主編，上海人民出版社、上海書店出版社，1957年

>《中國近代史資料叢刊續編・中日戰爭》（1-12冊），戚其章主編，中華書局，1991-1996年

>《中國海關密檔/赫德金登干函電彙編1874-1907》（1-9冊），中華書局，1990-1996年

>《六十年來中國與日本》（1-8冊），三聯書店，2005年

>《蹇蹇錄》，陸奧宗光，商務印書館，1963

>《中日甲午戰爭之外交背景》，王信忠，國立清華大學出版事務所發行，1937

>《中日戰爭》，王鍾麟等，商務印書館，1930

>《甲午戰爭的教訓》，錢安毅，正中書局，1939

>《甲午戰前日本挑戰史》（天津條約以後中日開戰以前近代日華鮮關係研究），（日）田保橋潔，南京書店，1932

> 《甲午中日戰爭紀要》，參謀本部第二廳第六處，1935

> Times （英國《泰晤士報》）
> Le Petit Journal（法國《小日報》）
> New York Times （美國《紐約時報》）
> Chicago Tribune （美國《芝加哥論壇報》）
> Christian Science Monitor （美國《基督教科學箴言報》）
> Los Angeles Times （美國《洛杉磯時報》）
> Wall Street Journal （美國《華爾街日報》）
> Washington Post （美國《華盛頓郵報》）
> 《申報》
> 《字林滬報》
> North-China Daily News（上海《字林西報》）

# 大地好書推薦

## 明朝那些事兒(壹)朱元璋卷

作　　者：當年明月 著

定　　價：250 元

從朱元璋的出身開始寫起，到永樂大帝奪位的靖難之役結束為止，敘述了明朝最艱苦卓絕的開國過程，朱元璋PK陳友諒，誰堪問鼎天下？戰太平、太湖大決戰。臥榻之側埋惡虎，鏟除張士誠。徐達、常遇春等名將乘勝逐北，大破北元。更有明朝最大的謎團-------永樂奪位，建文帝失蹤的靖難之役，高潮迭起，欲罷不能！

---

## 明朝那些事兒(貳)

作　　者：當年明月 著

定　　價：250 元

《明朝那些事兒》，在第一冊朱元璋卷中，我們一直談到朱棣在驚濤駭浪中，終於排除萬難登上皇帝的寶座，史稱「靖難之役」，第二冊一開始的主角就是朱棣，也就是中國史上赫赫有名的明成祖——永樂大帝。

朱棣登基，一個輝煌絢麗的王朝就此揭開序幕，五度揮軍北上遠征蒙古，派鄭和下西洋足跡遠達非洲東岸，南下平定安南；編撰一部光耀史冊，留芳千古的偉大書籍——《永樂大典》，文治武功達到顛峰，明帝國進入空前盛世，朱棣後來於北伐蒙古歸來途中病逝。

明朝在經歷了比較清明的「仁宣之治」後開始近入一個動盪的時期，大宦官王振把持朝政胡作非為，導致二十萬精兵命喪土木堡，幸虧一代忠臣于謙力挽狂瀾，挽救了明帝國，但隨即在兩位皇帝爭奪皇位的「奪門之變」中被害身亡。 這一連串的事件和人物都精彩無比，可說是高潮迭起，讓人目不暇接，欲罷不能。

# 大地好書推薦

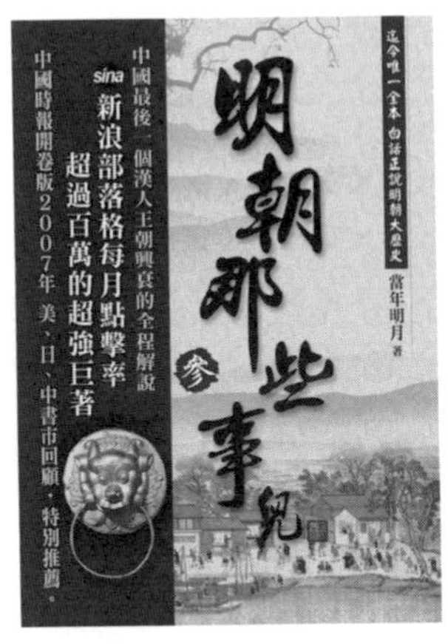


**明朝那些事兒(參)**
**作　　者：當年明月　著**
**定　　價：250 元**

《明朝那些事兒》第三部接續上篇，從明英宗朱祁鎮成功復辟的「奪門之變」後寫起，敘述了忠奸不分的朱祁鎮聽信讒言，殺害曾救其於危難之際的大功臣于謙，而這也成為他繼「土木堡之變」後在歷史上留下的另一大污點。而在他病逝後，相繼繼位的兩位皇帝，憲宗和孝宗，一個懦弱不堪無所作為，一個心有餘而力不足，撂下的這副重擔落在了明代三百年中最能鬧的一個皇帝——「朱厚照」身上，寵八虎、建豹房、自封威武大將軍，朝廷中充斥著一幕幕荒唐的鬧劇，局勢更是動盪不安，也就在這種情勢之下，一位亙古罕有的文武奇才，踏上了歷史舞台中央，一生傳奇的經歷就此開始，他的光芒將冠絕當代，映照千古，他就是——「王守仁」，清剿盜寇，平定叛王，勇鬥奸宦，給後人留下許多近乎神話的不朽傳奇。

同時，本書本書中仍然不乏大量描寫精彩的權謀之術，戰爭之術，詭詐之術，相信必能一如既往般深深吸引您的目光。

---

**書　　名：明朝那些事兒(肆)**
**作　　者：當年明月　著**
**定　　價：250 元**

《明朝那些事兒》第四部，1521年正德皇帝朱厚照駕崩，無子嗣，兄終弟及，興獻王之子朱厚熜即位是為嘉靖皇帝，嘉靖皇帝借「議禮之爭」清除了一批前朝舊臣，總攬大權。此後他的生活日見腐化，一心想得道成仙，國家大事拋諸腦後，奸相嚴嵩因此得以長期把持朝政。同時大明王朝財政空虛，兵備廢弛，東南沿海的倭寇和北方的蒙古不時入侵成為明朝的心腹大患，抗倭名將戚繼光躍上歷史的舞台。本書主要講述嘉靖一朝，朝廷的權力鬥爭，和邊疆的抗倭戰爭，驚心動魄的歷史故事，波瀾壯闊的戰爭場面，值得您一讀再讀。

# 大地好書推薦

書　　名：明朝那些事兒(伍)
作　　者：當年明月　著
定　　價：280 元

《明朝那些事兒》第五冊內容包括兩大部分。第一部分是內爭。寫嚴嵩倒臺後徐階、高拱、張居正三個傑出的政治家各施手段，你方唱罷我登場。三人都是實幹家，為中興朝廷嘔心瀝血；同樣又都是陰謀家，剷除異己心狠手辣。而這兩點又均以張居正為最：一條鞭法和考成法的改革措施遺惠萬民、澤及百代；順我者昌，逆我者死，雖殺門生亦不眨眼。第二部分是外戰，亦即援朝抗日戰爭。從廟算到外交，從戰爭到和平，帷幄運籌神鬼莫測、驚心動魄。戰爭場面波瀾壯闊、殺聲震天。更描繪了一系列栩栩如生、呼之欲出的英雄人物，如「不世出之英雄」李如松，臨危受命、甘當大任的朝鮮名將李舜臣，誓死不退、以身殉國的老將鄧子龍等。本冊內爭部分寫盡爾虞我詐，波譎雲詭，讀來毛骨悚然；外戰部分極言金戈鐵馬，盪氣迴腸，讓你如臨其境。

---

書　　名：明朝那些事兒(陸)
作　　者：當年明月　著
定　　價：280 元

魏忠賢粉墨登場，東林黨高調出鏡，黨爭不休，是非何分？

探尋晚明三大著名疑案「打悶棍」、「妖書」及「紅丸」的歷史真相。

《明朝那些事兒》第六冊主要講述了晚明由「三大案」引發的黨爭，魏忠賢興起及袁崇煥之奮戰。

自張居正去世後，便無人敢管萬曆，為爭國本，萬曆與大臣們展開拉鋸戰，三十年不上朝。東林黨趁機興起，與齊、楚、浙三黨明爭暗鬥，藉國本之爭，扶持明光、熹二帝即位，成功掌握朝政。魏忠賢以貧民出身，利用熹宗昏愚，又傍上皇帝乳母客氏，與東林黨展開對決。

在外，援朝抗日戰爭後，明防禦線轉至遼東。沒落貴族之後李成梁打蒙古、滅女真，成為一代梟雄，卻養虎為患，努爾哈赤藉機興起，統一後金。為抗金、守城、奪失地，在帝師孫承宗的帶領下，袁崇煥從一介文人成長為邊疆大將，堅守孤城，最終擊敗努爾哈赤。

綿延半個世紀的文官爭鬥，見證輝煌帝國的由盛至衰，邊疆民族乘勢壯大，戍邊軍隊節節告退，說不盡的權謀之術、戰爭之策，道不盡的人性善與劣……

國家圖書館出版品預行編目資料

絕版甲午：從海外史料揭秘中日戰爭／雪珥著. --
一版. -- 臺北市：大地, 2010. 11
面；　公分. --（經典書架：14）

ISBN 978-986-6451-22-5（平裝）

1. 甲午戰爭

627.86　　99021024

# 絕版甲午——從海外史料揭秘中日戰爭

經典書架 014

| | |
|---|---|
| 作　　者 | 雪　珥 |
| 創 辦 人 | 姚宜瑛 |
| 發 行 人 | 吳錫清 |
| 主　　編 | 陳玟玟 |
| 出 版 者 | 大地出版社 |
| 社　　址 | 114台北市內湖區瑞光路358巷38弄36號4樓之2 |
| 劃撥帳號 | 50031946（戶名　大地出版社有限公司） |
| 電　　話 | 02-26277749 |
| 傳　　真 | 02-26270895 |
| E - mail | vastplai@ms45.hinet.net |
| 網　　址 | www.vasplain.com.tw |
| 美術設計 | 普林特斯資訊股份有限公司 |
| 印 刷 者 | 普林特斯資訊股份有限公司 |
| 一版一刷 | 2010年11月 |

定　　價：280元